Koch dich schlank!

mit Oliver

Oliver Hoffinger

Koch dich schlank!

mit Oliver

60 smarte Rezepte für smarte Menschen

PULS 4

GUSTO EDITION

Vorwort

Was soll smarte Küche bedeuten?

Smart bedeutet in diesem Fall, Gewicht zu verlieren oder zu halten ohne auf Genuss und Freude am Essen zu verzichten.
„Ja, ja", werden Sie sich denken, hab ich schon oft gehört, aber wie soll das funktionieren?
Smarte Küche ist keine Diät und kein klassisches Abnehmprogramm, es ist eine Ernährungsumstellung. Das funktioniert, wenn Sie sich daran halten.Klingt einfacher als es ist, ich weiß. Ich habe in 15 Wochen 15 Kilo abgenommen mit dieser Methode. Sie müssen sich nicht so „hetzen". Im Fernsehen ist das o.k., ich war auch medizinisch begleitet. Also kein Problem in Sachen Gesundheit. Aber, wie gesagt, Sie können sich viel mehr Zeit lassen. Ich kann Ihnen sagen, dass diese Ernährungsumstellung bis heute bei mir wirkt. Ich habe das eine oder andere Kilo wieder zugenommen, aber nur weil ich nicht konsequent genug war und zu viel gesündigt habe. Meine Frau hat in den 15 Wochen damals 12 Kilo abgenommen und hält ihr Gewicht immer noch. Konsequenter als ich. Wenn ich mich auf all die „Regeln" der smarten Küche konzentriere, sind 4 Kilo in 5 Wochen wieder herunten. Es ist nicht sehr schwer, aber Sie müssen sich an ein paar Regeln halten.

Vermeiden Sie so weit wie möglich:

- Weißes Mehl
- Weißen Zucker
- Industriell hergestellte Lebensmittel

und

- Reduzieren Sie Kohlenhydrate
- Essen Sie weniger aber regelmäßig
- Bauen Sie mehr Bewegung in Ihren Alltag ein

Ich wünsche Ihnen viel Spaß beim Nachkochen der smarten Rezepte und viele genussvolle Stunden beim Verspeisen der Gerichte.

Ihr Oliver Hoffinger

Inhalt

Vorspeisen 9

- Getreidebrei mit Früchten 11
- Avocado-Schafkäsesalat mit Pekannüssen 12
- Eierschwammerl-Couscous mit Ribiseln 14
- Carpaccio mit knusprigem Parmesan 17
- Geräuchertes Forellenfilet mit Granatapfel 19
- Topfenbrot mit Kräuter-Cottage cheese 21
- Asiatisches Garnelensauté mit Gemüse 22
- Gelbe Linsensuppe mit Minzjoghurt 25
- Hühnerfilet mit Rhabarber und Pistazien 26
- Hühner-Quinoa-Maki mit Sauce und Salat 28
- Jalapeño-Poppers mit Frischkäse 30
- Krautsuppe mit Sedano 33
- Marinierter Lachs mit Sesam 35
- Oktopus mit Pak Choi und Radicchio 36
- Geeiste Paradeissuppe mit Chili-Cottage cheese 38
- Gebratene Topfennockerln mit Orangensalat 41
- Steak mit Spargelsalat, Mangold und Parmesan 43
- Marinierte Melanzani mit Ziegenkäse 44
- Rote Rüben mit Blauschimmelkäse und Nüssen 46
- Zucchini mit Ofenparadeisern und Polenta 49

Erfahrungen in den 15 Wochen 50

Hauptspeisen 55

Smarter Burger mit Hendl und Ananas 57
Apfel-Limetten-Beef mit Wildreis 58
Leichtes Backhendl mit Süßkartoffel-Wedges 60
Knusprige Calamari mit roter Salsa 63
Jerk Chicken mit Süßkartoffeln und Kochbananen 65
Jungschweinsbraten mit Grünkernknödeln 66
Die „15 Wochen"-Pizza aus Karfiolteig 58
Lammrücken mit Fetagemüse und Polentaschnitten 71
Leichtes Wiener Schnitzel mit Salat 73
Peking Ente mit Tortillas und Marinade 74
Rindsrouladen mit Bresaola und Erbsenpüree 76
Schweinsmedaillons mit gefüllten Pilzen 79
Tofu-Linsen-Laibchen mit Karottensalat 81
Chili con Carne smart 82
Schwammerl-Hendl mit Sauce 84
Kabeljau mit Mangold und Bubikopf 87
Lachs mit gebratenem Topinambur und Fisolen 89
Rindfleisch mit Spinatsalat und Süßkartoffelrösti 90
Scharfes Rindfleisch mit gebratenem Brokkoli 92
Fischweißwurst mit Laugenbrezel und Senf 94

Nachspeisen 97

Leichter Cheesecake mit Vanillepudding 99
Topfenknödel mit Nussbröseln und Beeren 100
Beeren-Crumble mit Frischkäse 102
Der leichteste Schokokuchen mit Kakao 105
Nuss-Bananen-Muffins mit Buttermilch 107
Buttermilch-Pancakes mit Reissirup 108
Dinkel-Palatschinken mit Marillenkompott 110
Hafeflocken-Cookies mit Banane 113
Gratinierte Kirschen mit „Knusper" 115
Grieß-Kaiserschmarren mit Ananas 116
Leichter Apfelstrudel mit Vanillejoghurt 118
Frozen Joghurt mit marinierten Beeren 121
Mangotörtchen mit Chili-Honig 123
Gebratene Kokoscreme mit Granatapfel 124
Ricotta-Chia-Mousse mit Erdbeeren 126
Geeiste Melone mit Minze 129
Süßer Couscous mit Datteln und Pekannüssen 131
Bratapfelkompott mit Zimt 132
Orangen-Grapefruitsalat mit Ingwer 134
Pochierte Pfirsiche mit Thymian 137

Rezeptregister 141

Die Allerbesten

VORSPEISEN

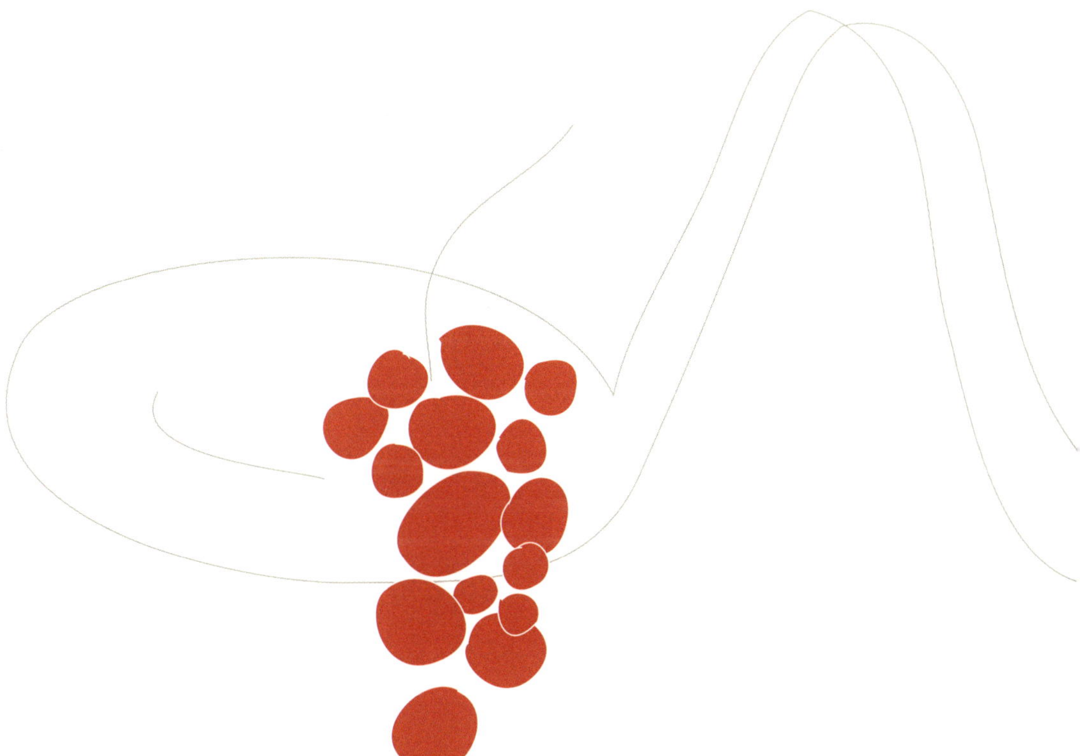

Getreidebrei

mit Früchten

Zutaten für 2 Personen:

4 EL Dinkelflocken
2 EL Hirseflocken
2 EL Frühstücksflocken
250 ml Mandelmilch (ungesüßt)
3 EL Reissirup
1 Prise Schokoladenpfeffer
200 g gemischte Beeren
Salz, Zimt (gemahlen)

Zubereitungszeit: ca. 15 Minuten

Flocken mischen und in einem Topf ein wenig anrösten, dabei öfter umrühren. Flocken mit Mandelmilch aufgießen und den Reissirup einrühren. Flockenbrei ca. 10 Minuten köcheln lassen und mit Schokoladenpfeffer und je einer Prise Salz und Zimt würzen. Beeren verlesen. Brei mit den Beeren garniert servieren.

Pro Portion
441 kcal; 27 g EW; 15 g Fett;
48 g KH; 4 BE; 0 mg Chol.

TIPP
Bananen sind besonders sättigend. Meine Kinder lieben Heidelbeeren und einen extra Schuss Sirup.

Avocado-Schafkäsesalat
mit Pekannüssen

Zutaten für 2 Personen:

1 kleine Fenchelknolle
1 Avocado
1 Paradeiser
10 schwarze Oliven
50 g Rucola
1 EL Oregano
90 g Schafkäse (fettreduziert)
2 EL Pekannüsse (geröstet)

Dressing:
Saft von 1 Limette
1 TL Reissirup
2 EL Olivenöl
Salz, Pfeffer, Olivenöl

Zubereitungszeit: ca. 20 Minuten

Fenchel putzen, längs halbieren und den Strunk ausschneiden. Fenchel in feine Scheiben schneiden. In einer beschichteten Pfanne ca. ½ EL Olivenöl erhitzen, Fenchelscheiben darin anbraten und mit Salz und Pfeffer würzen. Fenchel vom Herd nehmen und abkühlen lassen.
Für das Dressing Limettensaft, Reissirup und Öl verrühren, Fenchel untermischen und darin ziehen lassen.
Avocado schälen und entkernen. Avocado und Paradeiser in Spalten schneiden. Avocado, Paradeiser, Oliven, Rucola und Oregano mit dem Fenchel vermischen. Salat anrichten und mit Schafkäse und Pekannüssen bestreut servieren.

Pro Portion
534 kcal; 16 g EW; 46 g Fett;
14 g KH; 0,5 BE; 20 mg Chol.

TIPP

Der Salat schmeckt auch herrlich, wenn Sie eine Hühnerbrust dazu braten. Dann ist es auch perfekt für die Nichtabnehmer.

Eierschwammerl-Couscous

mit Ribiseln

Zutaten für 2 Personen:

1 Tasse Gemüsesuppe (250 ml)
1 Tasse Couscous (80 g)
1 rote Zwiebel
200 g Eierschwammerln
1 EL Rapsöl
1 TL Majoran
2 EL Zitronensaft
70 g Ribiseln (gerebelt)
50 g Babyspinat
Salz, Pfeffer, Kümmel (gemahlen)

Zubereitungszeit: ca. 20 Minuten

Gemüsesuppe aufkochen, Couscous unter Rühren einrieseln lassen und aufkochen. Couscous vom Herd nehmen und zugedeckt ca. 7 Minuten ziehen lassen.
Zwiebel schälen und klein schneiden. Eierschwammerln putzen und in grobe Stücke schneiden. In einer Pfanne Rapsöl erhitzen, Schwammerln darin scharf anbraten und mit Salz und Pfeffer würzen. Zwiebel einrühren und mitbraten. Schwammerln mit Kümmel, Majoran und Zitronensaft würzen. Ribiseln und Spinat untermischen.
Schwammerlmischung mit dem Couscous verrühren, anrichten und servieren.

Pro Portion
109 kcal; 4 g EW; 6 g Fett;
9 g KH; 0,5 BE; 0 mg Chol.

TIPP

Steinpilze und Heidelbeeren sind ebenfalls eine tolle Kombination. Schwammerln sollten Sie wenn möglich nicht am Abend essen, da sie schwer verdaulich sind.

Carpaccio
mit knusprigem Parmesan

Zutaten für 2 Personen:

180 g Rindsfilet
½ EL Olivenöl
1 EL Balsamico
200 g Parmesan (fein gerieben)
1 EL Griechisches Joghurt
Salz, Pfeffer, Rucola

Zubereitungszeit: ca. 25 Minuten

Rohr auf 190°C vorheizen. Backblech mit Backpapier belegen.
Parmesan auf dem Backblech gleichmäßig verteilen und im Rohr (mittlere Schiene) ca. 10 Minuten backen. Gebackenen Parmesan herausnehmen, abkühlen lassen und in mittelgroße Stücke brechen.
Rindsfilet in möglichst dünne Scheiben schneiden, zwischen 2 Lagen Klarsichtfolie geben und behutsam klopfen. Teller salzen und pfeffern. Fleischscheiben darauf anrichten, salzen, pfeffern und mit Balsamico und Olivenöl beträufeln.
Carpaccio mit Joghurt, Parmesanchips und Rucola garniert servieren.

Pro Portion
504 kcal; 58 g EW; 30 g Fett;
1 g KH; 0 BE; 120 mg Chol.

TIPP

Anstelle von Rindsfilet kann man für die Zubereitung auch Lachsforellen- oder Thunfischfilets verwenden. Zum Marinieren verwendet man Zitronen- oder Limettensaft.

Geräuchertes Forellenfilet
mit Granatapfel

Zutaten für 2 Personen:

2 Räucherforellenfilets
(ohne Haut und Gräten)
1 EL Olivenöl
2 EL Reissirup
1 EL Thymian (gehackt)
70 ml Gemüsesuppe

Garnitur:
80 g gemischte Blattsalate
½ Granatapfel
1 Bio-Zitrone
Salz, Pfeffer

Zubereitungszeit: ca. 12 Minuten

Für die Garnitur Salate putzen und zerpflücken. Kerne aus dem Granatapfel herauslösen. Zitrone in dünne Scheiben schneiden. In einer Pfanne Olivenöl und Reissirup erhitzen, Zitronenscheiben darin beidseitig anbraten und mit Thymian bestreuen. Zitronenscheiben aus der Pfanne nehmen und beiseitestellen.
Bratrückstand mit Gemüsesuppe ablöschen, Forellenfilets einlegen und beidseitig erwärmen. Granatapfelkerne und ausgetretenen Saft zugeben.
Forellenfilets aus der Pfanne nehmen. Salate mit dem Fond vermischen, mit den Filets anrichten und mit den Zitronenscheiben garnieren.

Pro Portion
258 kcal; 23 g EW; 9 g Fett;
19 g KH; 1,8 BE; 59 mg Chol.

TIPP

Je nach Geschmack kann man statt Forelle auch andere milde Räucherfische verwenden.

Topfenbrot
mit Kräuter-Cottage cheese

Zutaten für 1 Wecken (12 Scheiben): **Zubereitungszeit: ca. 90 Minuten**

1 Pkg. Trockengerm
1 EL Salz
300 ml lauwarmes Wasser
5 mittlere Eier
400 g Mager-Topfen
300 g Roggenmehl
200 g Dinkelmehl
1 EL Anis
1 EL Fenchelsamen
3 EL Leinsamen

Aufstrich:
200 g Cottage cheese (mager)
3 EL Radieschensprossen
Salz, Pfeffer, Butter

Für das Brot Rohr auf 70°C vorheizen. Germ und Salz im Wasser auflösen, übrige Zutaten zugeben und am besten in der Küchenmaschine zu einem geschmeidigen Teig verarbeiten.
Teig zudecken und im Rohr ca. 30 Minuten gehen lassen.
Kastenform (Inhalt ca. 800 ml) mit Butter ausstreichen und den Teig darin gleichmäßig verteilen.
Rohrtemperatur auf 180°C erhöhen. Brot im Rohr (untere Schiene / Gitterrost) ca. 45 Minuten backen. Herausnehmen und abkühlen lassen.
Für den Aufstrich den Cottage cheese mit Salz und Pfeffer würzen und mit den Sprossen vollenden.

Pro Scheibe
245 kcal; 15 g EW; 6 g Fett;
33 g KH; 2,5 BE; 102 mg Chol.

TIPPS

Mit Nüssen im Teig ist das Brot noch nahrhafter.
Im Kühlschrank kann man das Brot bis zu einer Woche aufbewahren.

Asiatisches Garnelensauté
mit Gemüse

Zutaten für 2 Personen:

12 Riesengarnelen ohne Schale (bratfertig)
2 mittlere Karotten
1 Stange Zitronengras
50 g Erbsenschoten
2 Jungzwiebeln
1 EL Erdnussöl
1 EL Thaibasilikum (gehackt)
1 scharfe Pfefferoni (gehackt)
1 Chili (gehackt)
1 TL Sesamöl
1 EL Austernsauce
1 EL Sojasauce
3 EL Limettensaft

Zubereitungszeit: ca 25 Minuten

Gemüse putzen bzw. schälen. Karotten und Zitronengras möglichst klein, Erbsenschoten und Jungzwiebeln grob schneiden.
In einem Wok Erdnussöl erhitzen. Garnelen und Zitronengras darin unter öfterem Wenden anbraten und mit Salz und Pfeffer würzen. Zuerst Karotten, dann übriges Gemüse zugeben und mitbraten.
Thaibasilikum, Pfefferoni und Chili unterrühren. Garnelen mit Sesamöl, Austernsauce, Sojasauce und Limettensaft würzen. Anrichten.

Pro Portion
311 kcal; 39 g EW; 11 g Fett;
12 g KH; 0,5 BE; 266 mg Chol.

TIPP
Wenn Sie kleine Garnelen verwenden, die Garzeit entsprechend reduzieren, sie werden während des Bratens rasch trocken.

Gelbe Linsensuppe
mit Minzjoghurt

Zutaten für 2 Personen:

100 g Zwiebeln
1 Knoblauchzehe
1 EL Sesamöl
100 g gelbe Linsen
500 ml Gemüsesuppe
2 EL Zitronensaft
1 EL Curry

Garnitur:
1 EL frische Minze
4 EL Griechisches Joghurt (fettreduziert)
2 EL Granatapfelkerne
Salz, Pfeffer

Zubereitungszeit: ca. 25 Minuten

Zwiebeln und Knoblauch schälen und klein schneiden. Beides in Sesamöl anbraten, Linsen zugeben, kurz mitbraten und mit Gemüsesuppe aufgießen. Suppe ca. 10 Minuten köcheln lassen.
Nach halber Garzeit Zitronensaft und Curry einrühren und mitköcheln. Suppe mit einem Stabmixer fein pürieren, mit Salz und Pfeffer würzen. Falls nötig, Suppe mit wenig Gemüsesuppe verdünnen.
Für die Garnitur Minze fein schneiden. Joghurt und Minze verrühren. Suppe anrichten und mit Minzejoghurt und Granatapfelkernen garniert servieren.

Pro Portion
311 kcal; 16 g EW; 9 g Fett;
39 g KH; 3 BE; 9 mg Chol.

TIPP
Besonders würzig schmeckt die Suppe, wenn man sie mit klein geschnittenem luftgetrockneten und gerösteten Rinderschinken (Bresaola) bestreut.

Hühnerfilet mit Rhabarber
und Pistazien

Zutaten für 2 Personen:

250 g Hühnerfilets (ca. 2 Stück)
2 EL Sojasauce
150 g Rhabarber
100 g Radicchio
1 EL Erdnussöl
20 g Honig
4 EL Zitronensaft
10 g Pistazien (gehackt)
10 g Basilikum (gehackt)
Salz, Pfeffer

Zubereitungszeit: ca. 35 Minuten

Hühnerbrustfilets quer in ca. einen cm dicke Streifen schneiden. Mit Sojasauce vermischen und kurz marinieren lassen. Vom Rhabarber die Fäden ziehen, Rhabarber quer in ca. 2 cm breite Stücke schneiden. Radicchio putzen und zerpflücken.
In einer Pfanne einen EL Erdnussöl erhitzen. Hühnerfilets darin unter öfterem Wenden knusprig braten und aus der Pfanne nehmen.
Im Bratrückstand Honig erwärmen und mit Zitronensaft ablöschen. Rhabarber darin bissfest garen und mit Salz und Pfeffer würzen. Pistazien und Basilikum untermischen.
Hühnerfilets mit Rhabarber und Radicchio anrichten und eventuell mit Basilikumblättern garnieren.

Pro Portion
282 kcal; 33 g EW; 9 g Fett;
15 g KH; 1 BE; 83 mg Chol.

TIPP
Kinder mögen manchmal Bittersalate nicht so gerne, ersetzen Sie sie durch normalen Blattsalat.

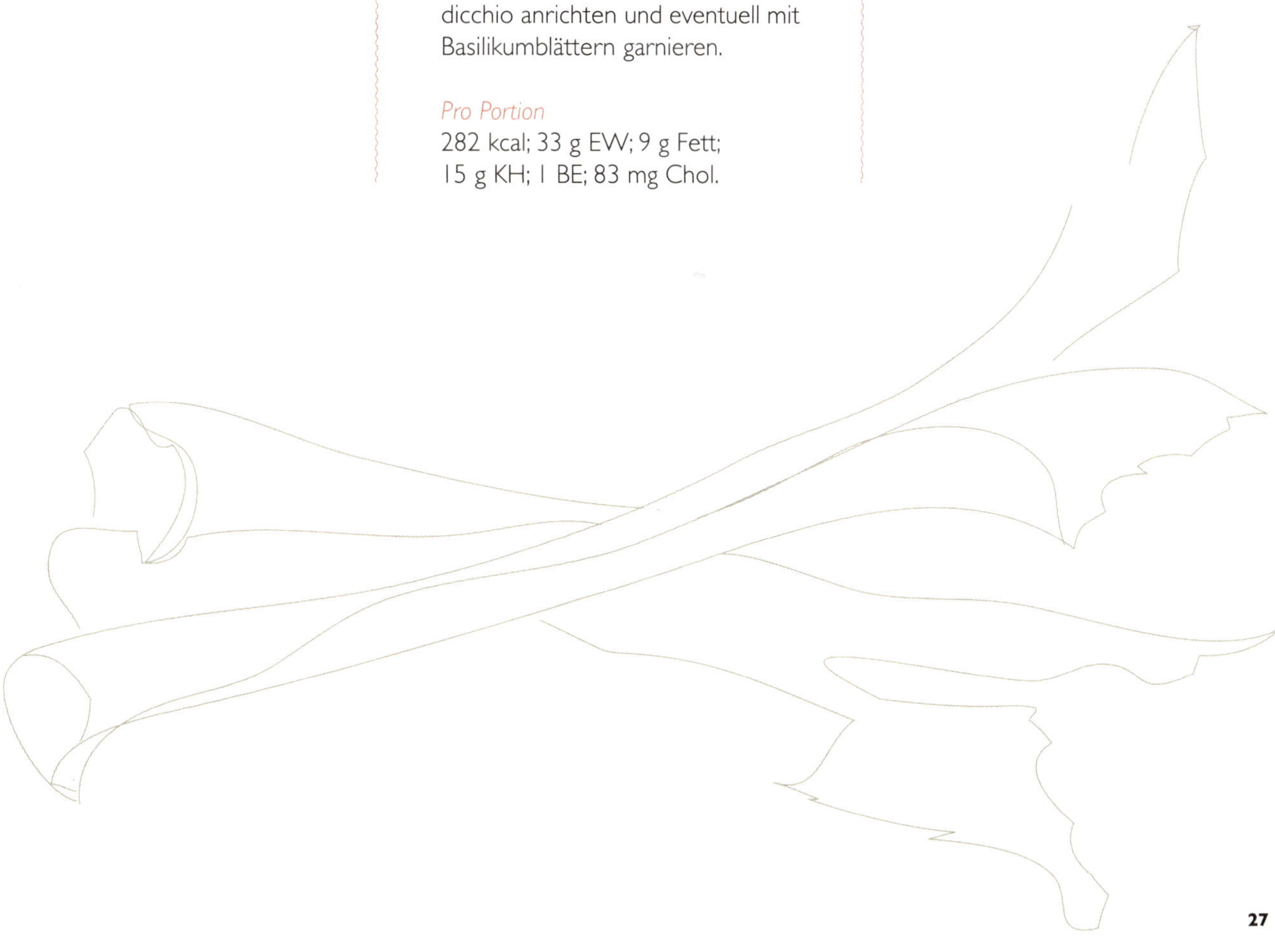

Hühner-Quinoa-Maki

mit Sauce und Salat

Zutaten für 2 Personen:

80 g Quinoa
160 ml Wasser
30 g Ingwer (geraspelt)
2 Hühnerfilets (250 g)
2 EL Sojasauce
2 EL Sesamöl
100 g Blattspinat
4 Maki-Algenmatten

Salat und Sauce:
200 g Karotten
200 g weißer Rettich
2 EL Limettensaft
4 EL Griechisches Joghurt (fettreduziert)
1 TL Wasabi
1 TL schwarzer Sesam
Salz

Zubereitungszeit: ca 40 Minuten, zum Kühlen ca. 30 Minuten

Quinoa laut Anleitung zubereiten, auskühlen lassen und mit Salz und Ingwer würzen. Hühnerfilets quer in dünne Scheiben schneiden und mit Sojasauce vermischen. Hühnerfilets in Sesamöl scharf anbraten, umfüllen und auskühlen lassen.
Spinat kurz überkochen, abschrecken und abtropfen lassen. Hühnerfilets mit Spinat umwickeln. Algenmatten auflegen und mit Quinoa gleichmäßig bestreichen. Quinoa im unteren Drittel mit den Hühnerfilets belegen, einrollen und für ca. 30 Minuten kühl stellen.
Für den Salat Karotten und Rettich schälen, in feine Streifen schneiden und mit Salz und Limettensaft vermischen. Für die Sauce Joghurt mit Wasabi und Sesam verrühren und salzen.
Maki in gleich dicke Scheiben schneiden und mit Salat und Sauce anrichten.

Pro Portion
492 kcal; 41 g EW; 17 g Fett;
41 g KH; 2,8 BE; 91 mg Chol.

TIPP

Quinoa ist die perfekte Alternative zu Reis und lässt sich auch wunderbar in der asiatischen Küche einsetzen.

Jalapeño-Poppers mit Frischkäse

Zutaten für 2 Personen:

200 g Quinoa-Hartweizen Mischung
250 ml Gemüsesuppe
1 rote Zwiebel
2 Chilis
30 g Petersilie
1 EL Jalapeños (gehackt)
2 mittlere Eier (verquirlt)
100 g Frischkäse
100 g Gouda (gerieben)
3 EL Zitronensaft
Salz, Pfeffer, Kokosfett

Zubereitungszeit: ca 30 Minuten

Quinoa-Mischung mit Suppe verrühren und ca. 3 Minuten köcheln. Mischung zudecken und unter öfterem Umrühren ca. 5 Minuten fertig garen.
Zwiebel, Chilis und Petersilie schneiden. Quinoa mit Zwiebel, Chilis, Jalapeños und Petersilie vermischen, salzen, pfeffern und abkühlen lassen. Eier, Frischkäse, Gouda und Zitronensaft unterrühren.
Rohr auf 200°C vorheizen. Backblech mit Backpapier belegen.
Aus der Masse Nockerln formen und in 2 EL Kokosfett rundum anbraten. Nockerln auf das Backblech setzen und im Rohr (mittlere Schiene) ca. 15 Minuten backen.
Nockerln anrichten und mit Salat und Paradeisern garniert servieren.

Pro Portion
828 kcal; 39 g EW; 40 g Fett;
76 g KH; 5,5 BE; 283 mg Chol.

TIPP

Dieses Gericht lebt von der Schärfe, für meine Kinder halbiere ich die Masse und gebe bei ihnen mehr Käse dazu.

Krautsuppe
mit Sedano

Zutaten für 2 Personen:

300 g Weißkraut
1 rote Zwiebel
200 g Karotten
1 Knoblauchzehe (gehackt)
80 g Knollensellerie
100 g Stangensellerie
2 EL Kokosöl
500 ml Gemüsesuppe
2 EL Sesamöl
2 EL Tamarinde
30 g Ingwer (klein gehackt)
½ Thai-Chili (klein gehackt)
10 Kirschparadeiser
20 g Petersilie
50 g Sojasprossen
2 g Kurkuma
Salz, Pfeffer, Sojasauce

Zubereitungszeit: ca. 25 Minuten

Vom Kraut den Strunk ausschneiden, Kraut in feine Streifen schneiden. Zwiebel, Karotten sowie Knollen- und Stangensellerie schälen. Zwiebel und Karotten grob, übriges Gemüse klein schneiden. Zwiebel, Karotten und Sellerie in Kokosöl anrösten, Kraut zugeben und kurz mitbraten.
Kraut mit Suppe und 2 EL Sojasauce ablöschen, mit Sesamöl, Tamarinde, Ingwer und Chili würzen. Suppe ca. 20 Minuten köcheln.
Paradeiser halbieren, Petersilie fein hacken. Sojasprossen putzen. Gegen Ende der Garzeit Paradeiser, Kurkuma und Petersilie in die Suppe rühren. Suppe aufkochen, mit Salz und Pfeffer würzen.

Pro Portion
380 kcal; 11 g EW; 26 g Fett;
25 g KH; 0,2 BE; 0 mg Chol.

TIPP

Immer noch die Königin unter den Abnehmsuppen, 15 Wochen lang würde ich sie aber nicht essen wollen. Hält wunderbar 1 Woche im Kühlschrank (gut verschließen).

Marinierter Lachs
mit Sesam

Zutaten für 2 Personen:

300 g Lachsfilet
(ohne Haut und Gräten)
1 rote Zwiebel
100 g Fenchel

Marinade:
1 TL Reissirup
4 EL Limettensaft
4 Wacholderbeeren (fein gehackt)
1 TL schwarzer Sesam
1 EL Olivenöl
1 EL Sesamöl
Salz, Pfeffer

Zubereitungszeit: ca. 20 Minuten

Für die Marinade Reissirup, Limettensaft, Salz, Wacholderbeeren, Sesam und Öle verrühren. Lachs in große, dünne Scheiben schneiden und mit ein wenig von der Marinade bestreichen.
Für den Salat Zwiebel schälen, vom Fenchel den Strunk ausschneiden. Zwiebel klein, Fenchel in feine Streifen schneiden. Beides mit der übrigen Marinade vermischen.
Lachs mit dem Salat anrichten.

Pro Portion
352 kcal; 30 g EW; 21 g Fett;
9 g KH; 0,5 BE; 53 mg Chol.

TIPP
Dieses Rezept funktioniert auch sehr gut mit einheimischen Fischen, z.B. Lachsforelle.

Oktopus mit Pak Choi
und Radicchio

Zutaten für 2 Personen:

300 g Oktopus (küchenfertig)
100 g Radicchio
2 Pak Choi (ca. 150 g)
½ Bio-Zitrone
20 g Koriander
1 EL Kokosöl
70 ml Weißwein
1 TL schwarzer Sesam
Salz, Pfeffer

Zubereitungszeit: ca 25 Minuten

Oktopus in ca. 3 cm breite Scheiben schneiden, die Füße ganz lassen. Radicchio längs halbieren und die Hälften quer in ca. 2 cm breite Streifen schneiden. Pak Choi längs halbieren. Zitrone in feine Spalten schneiden. Korianderblättchen von den Stielen zupfen.
In einer Pfanne Kokosöl erhitzen, Oktopusstücke einlegen und scharf anbraten. Pak Choi und Radicchio zugeben, mitbraten und mit Salz und Pfeffer würzen. Mischung mit Wein ablöschen, mit Zitronenspalten bestreuen und ca. 2 Minuten dünsten.
Oktopus anrichten und mit Sesam bestreut servieren.

Pro Portion
421 kcal; 53 g EW; 13 g Fett;
16 g KH; 0 BE; 375 mg Chol.

TIPP
Meine Tochter und ich lieben Oktopus, meine Frau und mein Sohn nicht, die bekommen stattdessen Garnelen.

Geeiste Paradeissuppe

mit Chili-Cottage cheese

Zutaten für 2 Personen:

300 g Ochsenherz Paradeiser
1 rote Zwiebel
1 Knoblauchzehe
1 TL Kokosnussöl
1 EL Paradeismark
300ml Gemüsesuppe

Nockerln und Einlage:
180 g Cottage cheese (fettreduziert)
½ Chili (gehackt)
½ Limette
50 g grüne Paradeiser
2 EL Reissirup
2 EL Zitronensaft
10 g Basilikum (geschnitten)
Salz, Pfeffer

Zubereitungszeit: ca 20 Minuten, zum Kühlen ca. 1 Stunde

Ochsenherzen in ca. einen cm große Stücke schneiden. Zwiebel und Knoblauch schälen, würfeln und in Kokosnussöl anbraten. Paradeismark einrühren, kurz mitrösten und mit Suppe ablöschen. Paradeiserstücke zugeben und die Suppe ca. 10 Minuten köcheln und mit Salz, Pfeffer und Zitronensaft würzen. Suppe fein pürieren, umfüllen und für ca. eine Stunde kühl stellen.
Für die Nockerln Cottage cheese mit Chili, Limettensaft und Salz würzen. Aus der Masse Nockerln formen. Grüne Paradeiser klein schneiden und mit Reissirup und Zitronensaft vermischen. Suppe mit Nockerln, Paradeisern und Basilikum garniert anrichten. Dazu passen Pitabrote.

Pro Portion
261 kcal; 16 g EW; 11 g Fett;
23 g KH; 1 BE; 25 mg Chol.

TIPP
Die Suppe geht auch für die kalte Jahreszeit: einfach im Topf erwärmen und noch ein bisschen Ingwer dazu reiben.

Gebratene Topfennockerln
mit Orangensalat

Zutaten für 2 Personen: **Zubereitungszeit: ca 25 Minuten, zum Kühlen ca. 30 Minuten**

200 g Magertopfen
2 EL Dinkelmehl
2 EL Speisestärke
1 mittleres Ei

Salat:
1 Orange
3 kleine Radieschen
2 Salatherzen
1 EL Rapsöl
1 TL Reissirup
2 EL Limettensaft
Salz, Pfeffer, Kokosöl

Für die Nockerln Topfen, Mehl, Stärke, Ei, Salz und Pfeffer vermischen. Masse mit Frischhaltefolie zudecken und für ca. 30 Minuten kühl stellen.
Für den Salat Orange schälen, Radieschen putzen, beides in Scheiben schneiden. Salatherzen putzen. Rapsöl, Salz, Pfeffer, Reissirup und Limettensaft verrühren, Salat, Radieschen und Orange damit marinieren.
Aus der Topfenmasse Nockerln formen. In einer Pfanne einen EL Kokosöl erhitzen, Nockerln einlegen und darin rundum braten. Nockerln mit dem Salat anrichten.

Pro Portion
401 kcal; 21 g EW; 19 g Fett;
35 g KH; 2,8 BE; 120 mg Chol.

TIPP
Meine Kinder lieben dieses Rezept, mein Sohn mag aber keine Radieschen, für Ihn tausche ich sie durch Kohlrabi aus.

Steak mit Spargelsalat

Mangold und Parmesan

Zutaten für 2 Personen:

2 Steaks von der Beiried
(je ca. 125 g)
1 EL Kokosöl

Salat:
160 g junger Spargel
2 EL Sojasauce
2 EL Balsamico
1 EL Olivenöl
20 g junger Mangold
80 g Parmesan (grob gehobelt)
Salz, Pfeffer

Zubereitungszeit: ca. 25 Minuten

Für den Salat Spargel eventuell schälen und die Enden wegschneiden. Steaks mit Salz und Pfeffer würzen und in Kokosöl beidseitig je 3 Minuten scharf anbraten. Aus der Pfanne nehmen und warm stellen.
Im Bratrückstand Spargel anrösten, mit 2 EL Wasser, Sojasauce, Balsamico und Öl ablöschen. Spargel darin kurz bissfest ziehen lassen.
Steaks auf dem Spargel anrichten, mit Marinade beträufeln und mit Mangold und Parmesan garniert servieren.

Pro Portion
431 kcal; 44 g EW; 27 g Fett;
2 g KH; 0 BE; 109 mg Chol.

TIPP

Beim grünen Spargel, wenn überhaupt, nur das untere Drittel schälen.

Marinierte Melanzani mit Ziegenkäse

Zutaten für 2 Personen:

2 mittlere Melanzani
1 roter Spitzpaprika
10 Cocktailparadeiser
10 g Oregano
10 g Rosmarin
4 Knoblauchzehen (fein gehackt)
1 TL Olivenöl
120 g Ziegenkäse
2 EL Zitronensaft
Salz, Pfeffer

Zubereitungszeit: ca 35 Minuten

Rohr auf 200°C vorheizen, Backblech mit Backpapier belegen.
Melanzani in ca. 2 cm dicke Scheiben schneiden, beidseitig salzen und ca. 5 Minuten ziehen lassen. Melanzani mit Küchenpapier abtupfen. Spitzpaprika putzen und in 3 cm breite Streifen schneiden.
Melanzani, Paprika und Paradeiser auf dem Backblech verteilen und mit Pfeffer, Oregano, Rosmarin und Knoblauch würzen. Gemüse mit Olivenöl beträufeln und im Rohr (mittlere Schiene) ca. 20 Minuten braten.
Ziegenkäse in Scheiben schneiden und in einer beschichteten Pfanne beidseitig erwärmen. Gemüse anrichten, mit Zitronensaft beträufeln und mit Käse garniert servieren.

Pro Portion
264 kcal; 15 g EW; 15 g Fett;
16 g KH; 0,2 BE; 27 mg Chol.

TIPP

Je länger Sie die Melanzani ziehen lassen, umso milder ist der Geschmack.

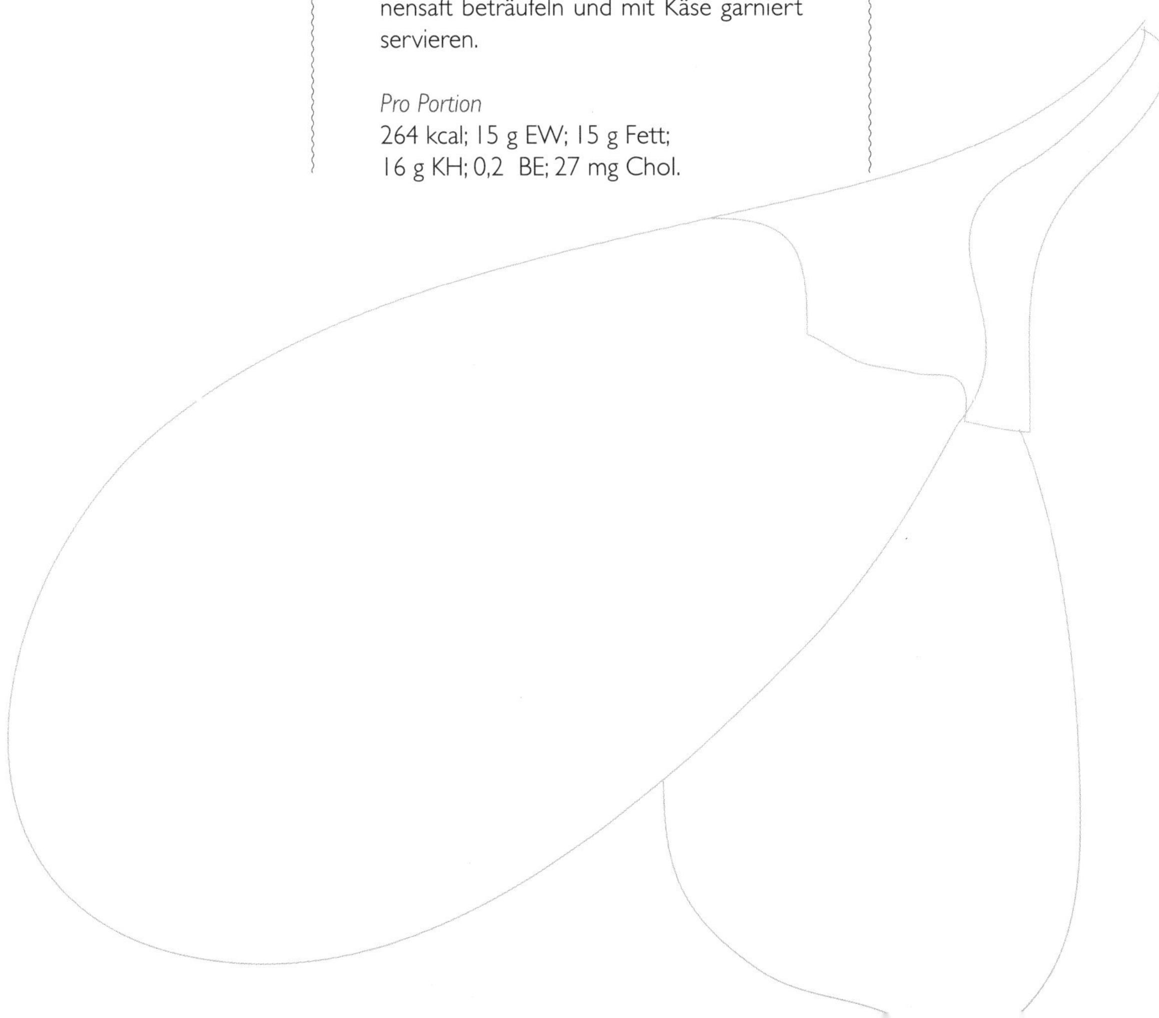

Rote Rüben mit Blauschimmelkäse

und Nüssen

Zutaten für 2 Personen:

200 g Rote Rüben (gekocht)
10 halbe Walnusskerne
30 g Friséesalat (zerpflückt)
80g Blauschimmelkäse

Marinade:
2 EL Balsamico
70 ml Rote-Rüben-Saft
Salz, Pfeffer, Olivenöl

Zubereitungszeit: ca. 10 Minuten

Für die Marinade Rote-Rüben-Saft mit Balsamico, Salz und Pfeffer vermischen und ca. eine Minute köcheln. Mischung vom Herd nehmen und abkühlen lassen.
Nüsse in einem EL Olivenöl anbraten, umfüllen und abkühlen lassen. Rote Rüben schälen, in sehr dünne Scheiben schneiden (Gemüsehobel oder Brotschneidemaschine), auf Teller legen und mit wenig von der Marinade einstreichen.
Rüben mit Käse belegen, mit Salat und Nüssen garnieren und mit übriger Marinade beträufelt servieren.

Pro Portion
408 kcal; 14 g EW; 33 g Fett; 14 g KH; 1,2 BE; 41 mg Chol

TIPP

Nicht jeder mag Blauschimmelkäse, Parmesan oder ein alter Gouda sind gute Alternativen.

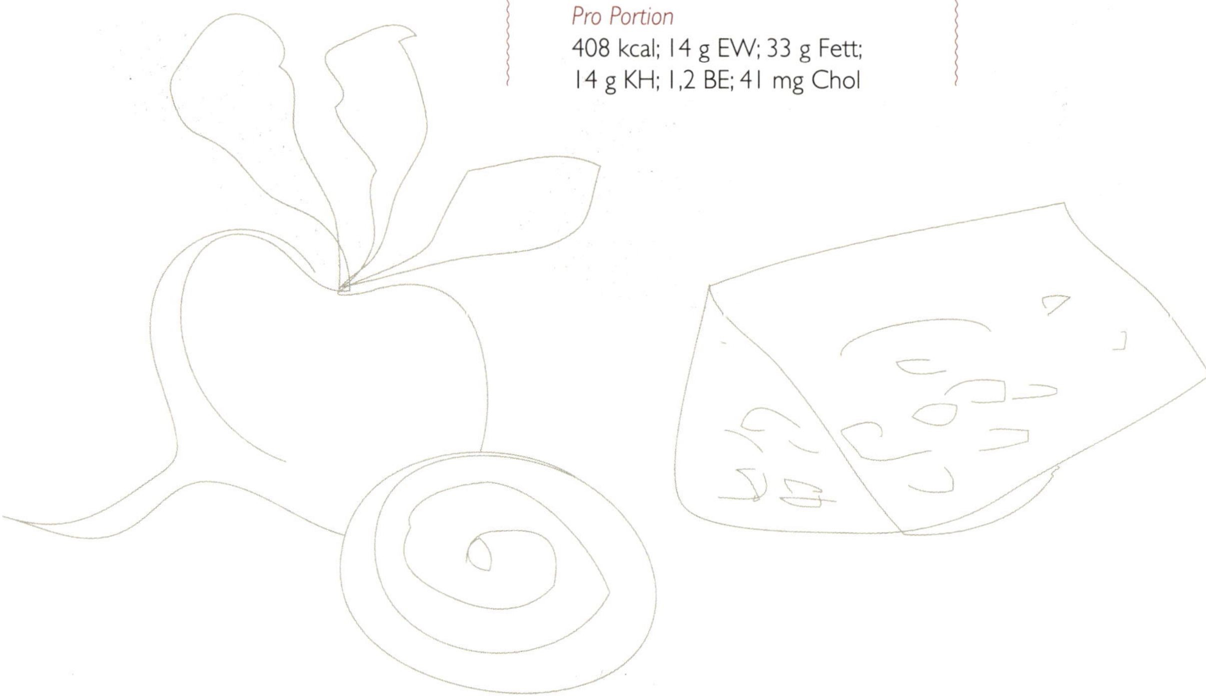

Zucchini mit Ofenparadeisern

und Polenta

Zutaten für 2 Personen:

2 mittlere Melanzani
8 kleine bunte Paradeiser
2 EL Limettensaft
20 g Kresse
1 gelbe Zucchini
1 grüne Zucchini
1 Jungzwiebel
1 Chili (klein geschnitten)
1 TL Olivenöl
1 EL Reissirup

Nockerln:

250 ml Gemüsesuppe
40 g Polenta
Salz, Pfeffer, Kokosöl

Zubereitungszeit: ca 35 Minuten

Gemüsesuppe aufkochen, Polenta unter Rühren einrieseln lassen und ca. 5 Minuten köcheln. Masse umfüllen und auskühlen lassen.
Rohr auf 180°C vorheizen. Paradeiser mit Salz, Pfeffer und Limettensaft würzen, in eine Pfanne geben und im Rohr (untere Schiene / Gitterrost) ca. 20 Minuten garen. Aus der Maismasse mit einem Suppenlöffel Nockerln ausstechen. Kresseblättchen von den Stielen schneiden.
Von den Zucchini mit einem Sparschäler rundum dünne Streifen abschneiden. Jungzwiebel putzen und würfeln. Jungzwiebel und Chili in Olivenöl anbraten, Zucchinistreifen unterrühren, mitbraten und mit Salz, Pfeffer und Reissirup würzen.
Parallel dazu in einer beschichteten Pfanne einen TL Kokosöl erhitzen und die Nockerln darin rundum knusprig braten. Paradeiser heraus nehmen, entstandenen Saft abgießen und mit dem Gemüse vermischen. Gemüse mit Paradeisern und Nockerln anrichten und mit Kresse garniert servieren.

Pro Portion

231 kcal; 8 g EW; 8 g Fett;
31 g KH; 1,8 BE; 0 mg Chol.

TIPP

Dieses Gericht schmeckt in Österreich von Juni bis September am besten, da ist Saison für Paradeiser. Die restliche Zeit des Jahres den Reissirupanteil erhöhen.

Olivers Erfahrungen beim Schlankschlemmen

Am Beginn meines Experimentes 15 Kilo in 15 Wochen abnehmen zu wollen herrschte Euphorie. Alles war neu und spannend, neue Lebensmittel, neue Gerichte. Ich war sehr motiviert, dann kam die Phase der Ernüchterung.
Es fehlten die alten Freunde Schnitzel & Co. Darum war es mir sehr wichtig, gemeinsam mit meinen Ernährungsberaterinnen diese „Freunde“ umzustellen – und schon ist sie da, die Ernährungsumstellung mit Genuss.
Vielleicht muss man sich an das eine oder andere erst gewöhnen, aber mittlerweile liebe ich das Schnitzel mit den Dinkelcornflakes.
Alkohol ist natürlich auch ein Thema. Er ist keinesfalls verboten, sollte aber die 4 Achterln die Woche nicht übersteigen. Alkohol hemmt nämlich den Fettabbau.
Auf den kommenden Seiten verrate ich, welche Produkte Sie meiden sollten und meine Tricks, die mir beim Abnehmen geholfen haben.

Weißes Mehl:

Weißes Mehl ist in vielen Lebensmitteln vertreten, also leider auch nicht extrem leicht zu vermeiden. Warum es nicht so gut ist, ist leicht zu erklären: Es werden Keim und Schale entfernt, somit verliert es gegenüber dem Vollkorn 30 Prozent Eiweiß, 20 Prozent Ballaststoffe, 76 Prozent Eisen, 80 Prozent Magnesium und 99 Prozent Chrom. Weißmehlprodukte enthalten Kohlenhydrate, die rasch zu Zucker verdaut werden und schnell ins Blut gehen – so genannte „leere Kalorien". Das Ausmahlen des Korns bewirkt, dass man süßere Teige herstellen kann und das Brot haltbarer wird. Übrigens: Weißmehl ist selbst für Vorratsschädlinge uninteressant, weil sie zu wenige Nährstoffe vorfinden. In Weißmehl findet man nicht einmal Motten.

Viele Menschen verbinden dunkle Getreideprodukte automatisch mit Vollkorn. Aber nicht alles, was nach Vollkorn aussieht, ist auch Vollkorn. Die Farbe allein ist wenig aussagekräftig, weil den Teigen dunkelfärbende Zusätze beigemischt werden dürfen. Roggen beispielsweise ist von Natur aus dunkler. Zugesetztes Malz färbt Weißmehl ebenfalls dunkel. Diese Zusätze machen es zu „Schwarzbrot".
Schwarzbrot hat aber mit Vollkorn nichts zu tun. Schwarzbrot ist genauso nährstoffarm wie Weißbrot, das Korn ist bei beiden völlig ausgemahlen. Auch hinter Bezeichnungen wie Körnerbrot oder Mehrkorn stecken meist Produkte aus Weißmehl und keine Vollkornprodukte.
Was soll das für mich bedeuten? Mehr auf die Inhaltstoffe achten. Ich lese seit meiner Ernährungsumstellung alle Packungsbeilagen.

Weißer Zucker:

Dass weißer Zucker dick macht, hat mehrere Gründe. So wird Zucker im Körper zum einen zwei- bis fünfmal schneller zu Fett umgebaut als Stärke. Das heißt, durch Zucker füttern wir eigentlich direkt unsere Fettzellen. Zum anderen wird der Fruktosegehalt des Zuckers zusätzlich über die Leber verstoffwechselt, wodurch es zu einer Fettleber kommt. Der Körper kann dann nicht mehr entgiften, die Blutfettwerte (Triglyceride) steigen an, und wir nehmen zu.
Wie kann ich ihn ersetzen? Durch Kokoszucker, Reissirup oder Stevia.

Industriell hergestellte Lebensmittel:

Was ist das überhaupt? Fertigpizza, Dosenravioli, und alles was man im Tiefkühlfach im Supermarkt findet und in der Mikrowelle erhitzt wird.
Warum ist das schlecht? Sie enthalten sehr viel Salz und Zucker und im Allgemeinen Konservierungsstoffe.

Kohlenhydrate*:

Es gibt gute und böse Kohlenhydrate. Die bösen tarnen sich meistens so gut mit dem verführerisch süßen Geschmack, der Appetit auf mehr macht, dass man sie nur spät als kleine Bösewichte erkennt. In der Verdauung und somit in der Energieaufnahme geht es in erster Linie um das Zerlegen der Lebensmittel in ihre kleinsten Bausteine, damit anschließend der Darm diese zielgerichtet verwenden kann.
Wenn man nun die Kohlenhydrate auf die kleinste chemische Ebene runterbricht, bestehen diese aus Zucker. Bei diesem Zucker gibt es verschiedene Arten. Diese Zuckerstückchen setzen sich aneinander, bilden kurze bis lange Ketten und bestimmen anhand der Kettenlänge und ihrer Zusammensetzung, ob das Kohlenhydrat gut oder böse (für die Gewichtszunahme verantwortlich) ist.

Kurze Ketten mit trügerischem Zucker:
• Haushaltszucker • Marmelade • Eis
• Schokolade mit geringem Kakaobutteranteil

Kurze Ketten mit gutem Zucker:
• Honig • Fruchtaufstriche

Mittlere Ketten mit trügerischem Zucker:
• Kuchen • Weißbrot • Nudeln aus Weißmehl

Mittlere Ketten mit gutem Zucker:
• Trockenfrüchte • Obst

Lange Ketten mit gutem Zucker:
• Reis • Vollkornnudeln • Erdäpfel
• Vollkornbrot • Gemüse • Reisnudeln

*Quellenverweis:
Marina Lewun – http://www.trainingsworld.com/ernaehrung/sporternaehrung-sti94848/sporternaehrung-abnehmen-kohlenhydrate-oder-schlecht-2739493.html

Je kürzer also die Zuckerkette, desto schneller kann der Körper diese Kette in Einzelbausteine zersetzen (genauso wie bei den Lego-Bausteinen). Dementsprechend bekommt der Körper auch schneller Energie zur Verfügung gestellt. Aber je kürzer die Zuckerkette war und je weniger zuckerhaltige Einzelbausteine sich im Körper befinden, desto schneller werden diese verbraucht und das Hungergefühl steigt wieder an. D. h. wenn man gegen den Hunger einige Stücke Schokolade isst, reicht diese Energie nur für ca. ½ Stunde aus. Danach kommt der Hunger wieder zurück.

Gönnt man sich dagegen eine vollwertige Mahlzeit aus Reis und Gemüse, braucht der Körper zwar etwas länger um die Kohlenhydrate-Ketten aufzuspalten, aber das Sättigungsgefühl bleibt über mehrere Stunden erhalten, da die vorhandene Summe der guten zuckerhaltigen Einzelteile viel größer ist.

Weniger aber regelmäßiger essen:

Es ist eine Tatsache, dass Sie nur dann gut abnehmen können, wenn Sie mehr verbrennen als Sie zu sich nehmen. Also kleinere Portionen, aber dafür regelmäßig. Nichts essen ist sehr kontraproduktiv. Dann glaubt Ihr Körper, es ist eine Notsituation, und speichert alle Kalorien als Fettablage ab.

Ich war früher kein Frühstücker, aber die Gefahr mittags Heißhunger zu haben, weil man nicht gefrühstückt hat, ist sehr hoch. Mittags dann auch nur schnell etwas, aber dafür abends gut essen. Mir ist abends Essen sehr wichtig, weil das die Mahlzeit ist, wo die Familie an einem Tisch sitzt.
Also wie läuft das jetzt nach der Ernährungsumstellung? Frühstück ist unter der Woche der Frühstücksbrei, am Wochenende ist auch Brot, Ei und evtl. Schinken dabei.

Mittags ein Salat oder ein Proteinriegel.
Abends ein schönes Essen mit der Familie.
Meine Kinder müssen natürlich nicht abnehmen, sie essen aber immer mit uns mit, für sie gibt's dann z. B. eine gebratene Hühnerbrust dazu.
Ach ja, ich esse nur noch auf kleinen Tellern (Desserttellern), darauf sieht jede Portion groß aus ...

Bewegung

Bewegung und Sport hilft uns leichter abzunehmen. Ich gehe bis zu 3-mal die Woche ins Fitnesscenter, das muss aber gar nicht sein. Es reicht, wenn Sie mehr zu Fuß gehen, mehr Treppen steigen und das Auto öfter stehen lassen.

Die Allerbesten

HAUPTSPEISEN

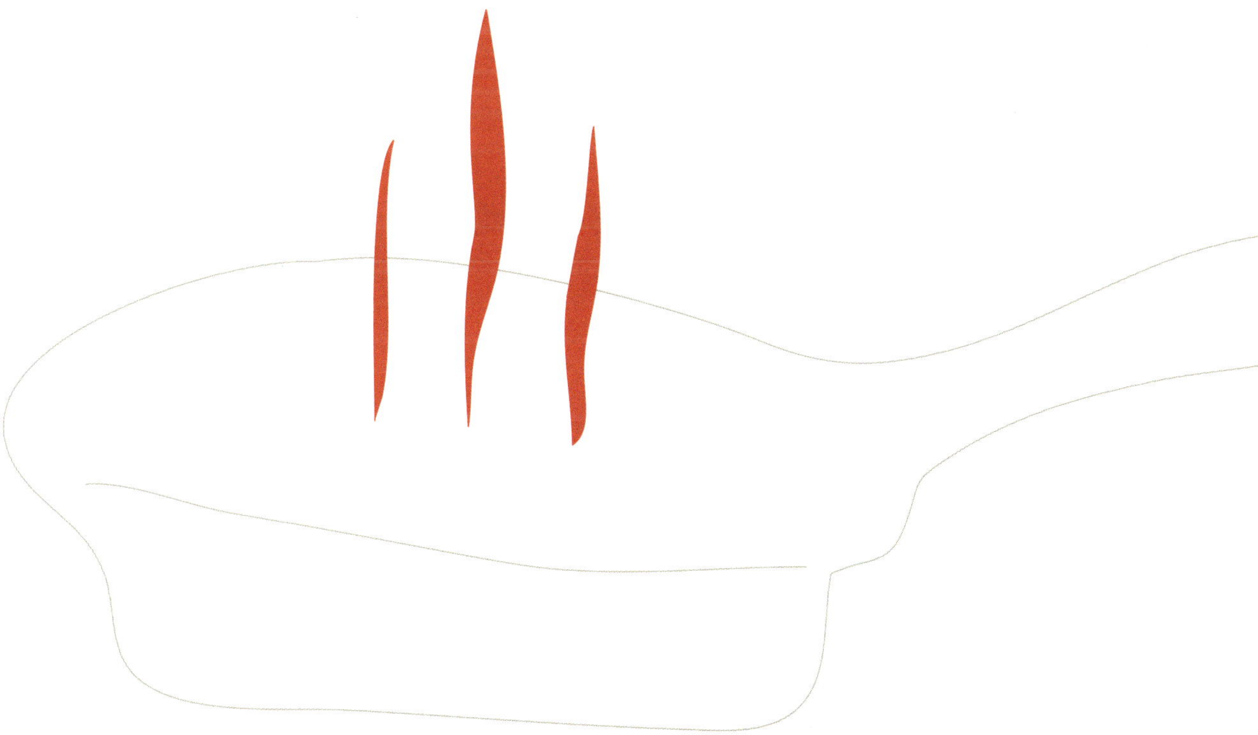

Smarter Burger mit Hendl
und Ananas

Zutaten für 2 Personen:

Brötchen:
200 g Karfiol
2 mittlere Eier
1 Dotter
½ Pkg. Trockengerm
2 EL Topfen
50 g Mandelmehl
40 g Kokosmehl
30 g Dinkelmehl
1 EL Sesam zum Bestreuen

Garnitur:
1 mittlere Zucchini
1 rote Zwiebel
1 Paradeiser
1 Mini-Ananas
1 Hühnerfilet (ca. 170 g)
1 TL Kokosöl
1 EL Senf
1 EL Ketchup
4 Scheiben Leichtkäse
100 g grüner Salat
Salz, Pfeffer, Fettspray

Zubereitungszeit: ca. 2 Stunden

Rohr auf 100°C vorheizen. Backblech mit Backpapier belegen.
Zucchini in sehr dünne Längsscheiben schneiden (Schneidemaschine), auf das Backblech legen und mit Fett besprühen. Zucchini im Rohr (mittlere Schiene) ca. eine Stunde trocknen.
Karfiol putzen und in Röschen teilen. Röschen mit Eiern und Dotter vermischen und in einem Kutter fein pürieren. Germ, Topfen und Mehle einrühren, Mischung salzen, pfeffern und zu einem Teig verkneten.
Rohr auf 185°C vorheizen, Backblech mit Backpapier belegen.
Aus dem Teig Brötchen formen, mit Sesam bestreuen und auf das Backblech legen.
Brötchen im Rohr (mittlere Schiene) ca. 25 Minuten backen.
Für die Garnitur Zwiebel schälen. Zwiebel und Paradeiser in Scheiben schneiden. Ananas schälen und den Strunk entfernen. Fruchtfleisch in 2 cm dicke Scheiben schneiden und in einer beschichteten Grillpfanne beidseitig grillen. Hühnerfilet quer in 4 Scheiben schneiden, salzen, pfeffern und im Kokosöl beidseitig ca. 5 Minuten braten.
Brötchen horizontal durchschneiden. Böden mit Senf und Ketchup bestreichen und mit Hühnerfilet, Ananas, Käse, Paradeisern, Zwiebeln und Salat belegen. Deckel aufsetzen und behutsam andrücken. Zucchinichips salzen. Burger mit den Chips servieren.

Pro Portion
775 kcal; 65 g EW; 37 g Fett;
44 g KH; 2,8 BE; 420 mg Chol.

TIPP
Es ist nicht unaufwendig, aber es zahlt sich wirklich aus die Buns (Laibchen sind wunderbar saftig) selbst zuzubereiten. Man kann sie auch als Semmelersatz zum Frühstück servieren.

Apfel-Limetten-Beef
mit Wildreis

Zutaten für 2 Personen:

250 g Beiried
60 g Wildreis
1 rote Zwiebel
2 Äpfel (Granny Smith)
1 EL Kokosöl
125 ml naturtrüber Apfelsaft
20 g Brokkolikresse

Marinade:
4 EL Sojasauce (salzreduziert)
2 EL Austernsauce
1 EL Reissirup
1 EL Speisestärke
1 Chili
Salz, Pfeffer

Zubereitungszeit: ca. 30 Minuten

Wildreis in ein Sieb leeren, mit kaltem Wasser gut spülen und abtropfen lassen. Reichlich Wasser aufkochen, Reis zugeben und ca. 25 Minuten weich kochen.
Für die Marinade Sojasauce, Austernsauce, Reissirup, Stärke und Chili verrühren.
Von der Beiried das Fett wegschneiden. Fleisch in ca. 3 cm breite Streifen schneiden, mit der Marinade vermischen und ca. 10 Minuten ziehen lassen.
Zwiebel schälen. Von den Äpfeln das Kerngehäuse ausstechen, Äpfel und Zwiebel in feine Scheiben schneiden.
Fleisch in ein Sieb leeren und die Marinade auffangen. Fleisch in Kokosöl scharf anbraten und mit Marinade und Apfelsaft ablöschen. Zwiebel und Äpfel untermischen. Fleisch mit Salz und Pfeffer würzen. Reis abseihen, abtropfen lassen und salzen. Fleisch anrichten, mit Kresse garnieren und mit dem Reis servieren.

Pro Portion
533 kcal; 34 g EW; 15 g Fett;
65 g KH; 5,5 BE; 73 mg Chol.

TIPP
Mit Lungenbraten ist dieses Rezept noch feiner.

Leichtes Backhendl

mit Süßkartoffel-Wedges

Zutaten für 2 Personen:

320 g Hühnerbrustfilets
70 g griffiges Mehl
2 mittlere Eier (verquirlt)
100 g Polenta

Wedges und Salat:
250 g Süßkartoffeln
10 g Oregano
1 EL Erdäpfelknödelpulver
150 g Weißkraut
1 Jungzwiebel
80 g Karotten
4 EL Griechisches Joghurt (fettreduziert)
2 EL Zitronensaft
1 EL Speisestärke
1 Chili
Salz, Pfeffer

Zubereitungszeit: ca. 45 Minuten

Rohr auf 165°C vorheizen. Backblech mit Backpapier belegen.
Hühnerbrustfilets in mittelgroße Stücke schneiden, salzen, pfeffern und in Mehl, Ei und Polenta panieren. Filets auf einer Hälfte des Backblechs verteilen und im Rohr (mittlere Schiene) ca. 30 Minuten backen. Filets nach halber Garzeit wenden.
Süßkartoffeln in 3–4 cm breite Spalten schneiden, mit Salz, Oregano und Erdäpfelknödelpulver vermischen, auf der zweiten Backblechhälfte verteilen und ca. 25 Minuten backen. Dabei öfters wenden.
Vom Kraut den Strunk ausschneiden, Kraut in feine Streifen schneiden, salzen und ca. 10 Minuten ziehen lassen. Kraut ausdrücken. Jungzwiebel putzen und Karotten schälen. Beides in feine Streifen schneiden, mit dem Kraut vermischen und mit Joghurt verrühren. Salat mit Salz, Pfeffer und Zitronensaft würzen.
Hendl mit Süßkartoffeln und Salat servieren.

Pro Portion
770 kcal; 59 g EW; 10 g Fett;
107 g KH; 8,2 BE; 345 mg Chol.

TIPP
Die perfekte Alternative zum klassischen Backhendl, mit Keulenfleisch ist es noch eine Spur saftiger (hat aber mehr Kalorien).

IBIZA

Knusprige Calamari

mit roter Salsa

Zutaten für 2 Personen:

350 g frische Calamari
8 EL Limettensaft
20 g Rosmarin
80 g griffiges Mehl
2 Eiklar
80 g Polenta

Rote Salsa:
80 g rote Paprika
200 g Paradeiser
1 TL Paprikapulver
1 EL Paradeismark
1 EL Reissirup
1 Chili (gehackt)
Schale von 2 Bio-Limetten (abgerieben)
Salz, Pfeffer, Fettspray

Zubereitungszeit: ca. 35 Minuten

Rohr auf 210°C vorheizen. Backblech mit Backpapier belegen.
Calamari putzen, in ca. 3 cm breite Streifen schneiden, mit 4 EL Limettensaft, Salz und Rosmarin würzen. Calamari in Mehl, Eiklar und Polenta panieren, auf dem Backblech verteilen und mit Fett besprühen. Calamari im Rohr (mittlere Schiene) ca. 20 Minuten knusprig backen.
Für die Salsa Paprika putzen, Paradeiser und Paprika in kleine Würfel schneiden, salzen, pfeffern und mit Paprikapulver, Paradeismark, Reissirup, Chili, Limettenschalen und übrigem Limettensaft verrühren. Calamari mit der Salsa servieren.

Pro Portion
547 kcal; 41 g EW; 5 g Fett;
82 g KH; 5,8 BE; 219 mg Chol.

TIPP
Einige mögen keine Calamari, ersetzen kann man sie durch Fischfilets z.B. Glattbutt.

Jerk Chicken mit Süßkartoffeln
und Kochbananen

Zutaten für 2 Personen:

1 bratfertiges Huhn (ca. 1,2 kg)

Jerkmarinade:
1 kleine Zwiebel
3 eingelegte Jalapeños (mit etwas Saft)
1 Habanero Chili (entkernt)
½ TL All Spices-Gewürzmischung
½ TL Thymian
1 Prise Muskat
½ TL Barbecue Gewürzmischung

Bananenpüree:
2 Kochbananen
1 Prise All-Spices-Gewürzmischung
1 Prise Zimt
1 EL Kokosmilch (light)
Schale von 1 Bio-Limette
1 EL Limettensaft

Gemüse:
1 Zwiebel
2 Frühlingszwiebeln
100 g Okraschoten
3 Paradeiser, 1 Chili
30 g Koriander
250 ml Kokosmilch (light)
1 TL Zitronensaft
Salz, Pfeffer, Öl

Zubereitungszeit: ca. 45 Minuten

Für die Marinade Zwiebel schälen, fein würfeln und mixen. Jalapeños, Habanero, Salz, Pfeffer und die Gewürze mit je einem TL Wasser und Saft (Essig) vermischen und pürieren. Zwiebelpüree unterrühren.

Rohr auf 200°C vorheizen. Rückgrat vom Huhn auslösen, Huhn flach drücken und mit der Marinade rundum einreiben. Grillpfanne erhitzen, Huhn einlegen und im Rohr (mittlere Schiene / Gitterrost) ca. 40 Minuten garen. Huhn nach halber Garzeit wenden und bei 240°C fertig garen.

Für das Püree Salzwasser aufkochen, Bananen schälen, ins kochende Wasser legen und weichkochen. Kochwasser bis auf ca. 90 ml abgießen. All-Spices-Gewürzmischung, Zimt und Kokosmilch zugeben und die Bananen pürieren. Püree mit Limettenschale und einem EL Limettensaft würzen.

Für das Gemüse Zwiebel schälen. Zwiebel und Frühlingszwiebeln klein hacken. Von den Okraschoten die Enden wegschneiden. Paradeiser klein schneiden. Chili und Koriander hacken. Zwiebeln in Öl anschwitzen, Okraschoten zugeben und mitbraten. Paradeiser, Chili und Koriander unterrühren. Gemüse mit Salz, Pfeffer und Zitronensaft würzen. Huhn mit Püree und Gemüse anrichten.

Pro Portion
894 kcal; 82 g EW; 39 g Fett;
52 g KH; 2,8 BE; 304 mg Chol.

TIPP
Je länger das Huhn schmort umso intensiver wird der Geschmack, falls nötig mit wenig Wasser untergießen.

Jungschweinsbraten

mit Grünkernknödeln

Zutaten für 2 Personen:

400g Jungschweinskarree
1 TL Kümmel (ganz)
2 Knoblauchzehen (gehackt)
250 ml Gemüsesuppe
80 ml Bier

Grünkernknödeln:
200 g Grünkernmehl mit Grünkernen
50 g Kokosmehl
2 mittlere Eier

Kraut:
1 rote Zwiebel
300 g Weißkraut
8 EL Weißweinessig
150 ml Wasser
Salz, Pfeffer, Majoran, Öl

Zubereitungszeit: ca. 40 Minuten

Rohr auf 180°C vorheizen. Karree mit Salz, Pfeffer, Kümmel und Knoblauch rundum einreiben, in eine Auflaufform geben und mit 100 ml von der Suppe untergießen. Fleisch im Rohr (untere Schiene / Gitterrost) ca. 40 Minuten braten. Nach halber Garzeit Bier und übrige Suppe zugießen.
In der Zwischenzeit Mehle mit Eiern, Salz, Pfeffer und etwas Majoran zu einem weichen Teig vermengen. Eventuell wenig Wasser zugießen.
Reichlich Salzwasser aufkochen. Aus der Masse gleich große Knödel formen, ins Wasser legen und köcheln, bis sie an die Oberfläche steigen. Knödel 5 Minuten ziehen lassen.
Für das Kraut Zwiebel schälen und würfeln. Vom Kraut den Strunk ausschneiden. Kraut in ca. 5 cm breite Spalten schneiden. Zwiebel und Kraut in 3 EL Öl anbraten und mit Essig und Wasser ablöschen. Kraut mit Salz, Pfeffer und Kümmel würzen und weich dünsten.
Fleisch in Scheiben schneiden und mit Sauce, Knödeln und Kraut servieren.

Pro Portion
951 kcal; 66 g EW; 36 g Fett;
86 g KH; 6,2 BE; 358 mg Chol.

TIPP
Diesen Braten dürfen Sie jedes Wochenende essen.

Die „15 Wochen"-Pizza

aus Karfiolteig

Zutaten für 2 Personen:

200 g Karfiol
2 mittlere Eier
1 Pkg. Trockengerm
120 g Mandelmehl
½ TL Chia-Samen
1 Knoblauchzehe (fein gehackt)
3 Paradeiser
2 EL Paradeismark
5 Cocktailparadeiser
1 Pkg. Mozzarella
100 g luftgetrockneter Rinderschinken
20 g Rucola
Salz, Pfeffer, Basilikum, Thymian

Zubereitungszeit: ca. 70 Minuten

Karfiol in Röschen teilen und mit Eiern, Germ und wenig Pfeffer in einem Kutter pürieren. Mandelmehl, Chia-Samen und Knoblauch unterrühren.
Rohr auf 220°C (Heißluft) vorheizen. Backblech mit Backpapier belegen.
Paradeiser klein schneiden und mit 5 EL Wasser aufkochen. Basilikum, Thymian und Paradeismark zugeben und pürieren.
Cocktailparadeiser vierteln. Mozzarella abtropfen lassen und in kleine Stücke zupfen.
Karfiolteig vierteln und jedes Viertel auf dem Backblech verstreichen bzw. glatt rollen.
Paradeissauce darauf verteilen, mit Schinken belegen, mit Paradeiservierteln und Mozzarella bestreuen. Pizzen im Rohr (mittlere Schiene) ca. 45 Minuten backen. Pizzen mit Rucola bestreuen und portionieren.

Pro Portion
772 kcal; 48 g EW; 59 g Fett;
13 g KH; 0,5 BE; 299 mg Chol.

TIPP
Gesünder als die normale Pizza – da können sie auch gerne ab und zu mehr Käse drauf geben.

Lammrücken mit Fetagemüse

und Polentaschnitten

Zutaten für 2 Personen:

2 Lammrückenfilets (je 150 g)
20 g Rosmarinzweige
4 Knoblauchzehen

Fetagemüse:
125 g Schafkäse (fettreduziert)
1 rote Zwiebel
6 Cocktailparadeiser
1 kleine Zucchini
10 g Thymianzweige
2 EL Zitronensaft

Polentaschnitten:
250 ml Gemüsesuppe
60 g Polenta
1 Dotter
Salz, Pfeffer, Olivenöl, Kokosöl

Zubereitungszeit: ca. 40 Minuten

Für die Polenta Brettchen mit Frischhaltefolie belegen. Suppe aufkochen, Polenta unter Rühren einrieseln lassen und nochmals aufkochen. Masse vom Herd nehmen, Dotter einrühren und die Masse auf dem Brettchen ca. einen cm hoch verstreichen und auskühlen lassen.
Für das Gemüse Schafkäse grob zerteilen. Zwiebel schälen. Paradeiser halbieren, Zucchini in ca. einen cm dicke Streifen, Zwiebel in Scheiben schneiden. Ein Stück Alufolie auflegen und mit Olivenöl bestreichen. Gemüse darauf verteilen, mit Thymian belegen, mit Zitronensaft beträufeln und fest verschließen.
Rohr auf 120°C vorheizen. Lamm salzen, pfeffern und in einem EL Olivenöl beidseitig anbraten, mit Rosmarin und Knoblauch belegen. Lamm und Gemüsepäckchen im Rohr (mittlere Schiene / Gitterrost) ca. 25 Minuten braten. Lamm nach halber Garzeit wenden.
Aus der Polentamasse gleich große Rechtecke schneiden und in einem TL Kokosöl beidseitig knusprig braten. Lamm mit Gemüse und der Polenta anrichten.

Pro Portion
782 kcal; 55 g EW; 48 g Fett;
31 g KH; 2 BE; 276 mg Chol.

TIPP
Anstelle von Lamm kann man auch die gleiche Menge Beiried verwenden.

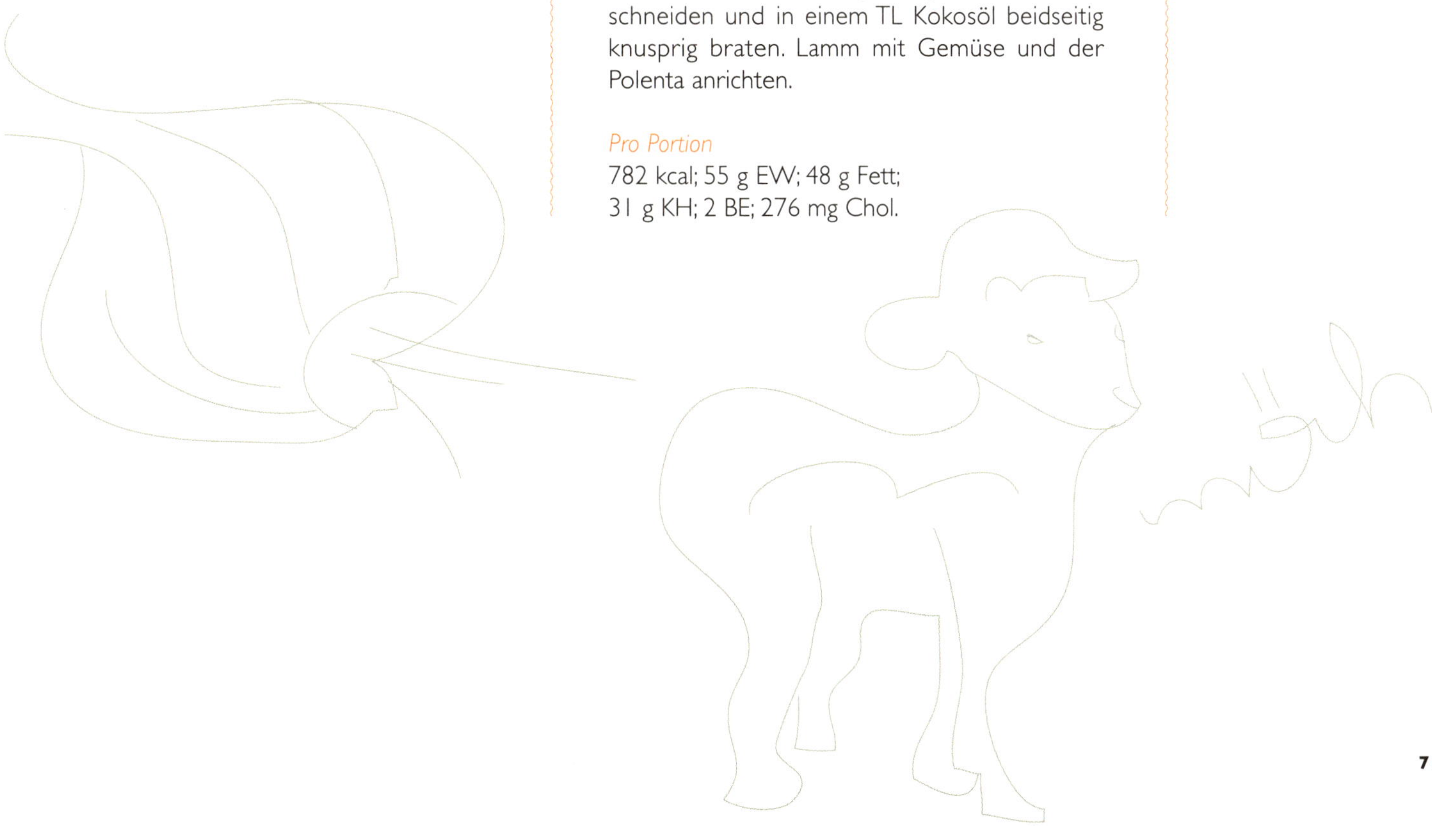

Leichtes Wiener Schnitzel
mit Salat

Zutaten für 2 Personen:

2 Hühnerfilets (je 120 g; ohne Haut und Knochen)
1 mittleres Ei
60 ml Mandelmilch
100 g Dinkelmehl
150 g Dinkel-Vollkornflakes (geröstet)
1 Zitrone

Salat:
1 kleiner grüner Salat
4 EL Zitronensaft
1 TL Reissirup
2 EL Olivenöl
Salz, Fettspray

Zubereitungszeit: ca. 35 Minuten

Rohr auf 190°C vorheizen. Backblech mit Backpapier belegen.
Ei mit Mandelmilch verrühren. Hühnerfilets salzen und in Mehl, Eier-Mandelmilch und Flakes panieren. Hühnerfilets auf das Backblech setzen, mit Fettspray besprühen und im Rohr (mittlere Schiene) goldbraun backen (ca. 15 Minuten). Zitrone in Spalten schneiden.
Salat putzen, zerpflücken und in mundgerechte Stücke teilen. Für die Marinade Zitronensaft mit Salz, Pfeffer, Reissirup und Olivenöl verrühren. Salat mit der Marinade vermischen.
Schnitzel anrichten, mit Zitrone garnieren und mit dem Salat servieren.

Pro Portion
785 kcal; 48 g EW; 19 g Fett;
103 g KH; 8,8 BE; 198 mg Chol.

TIPP
Kalbfleisch ist eine tolle Alternative und auch besonders zart.

Peking Ente mit Tortillas
und Marinade

Zutaten für 2 Personen:

2 Entenbrüste (je ca. 130 g)

Marinade:
125 ml Sojasauce
125 ml Hoisinsauce
1 EL Ingwer (gehackt)
1 kleiner Chili (gehackt)
1 EL 5-Gewürze-Mix
2 EL Limettensaft

Tortillas:
300 ml Wasser
160 g Dinkel-Vollkornmehl
1 mittleres Ei

Garnitur:
1 Bund Jungzwiebeln
20 g Koriander (gehackt)
1 Chili (dünn geschnitten)
1 TL schwarzer Sesam
Sesamöl

Zubereitungszeit: ca 40 Minuten

Für die Marinade Soja- und Hoisinsauce mit Ingwer, Chili und 5-Gewürze-Mix verrühren. Entenbrüste einlegen und kurz ziehen lassen.
Für die Tortillas Wasser und Dinkelmehl mit etwas Salz und Ei verrühren. Masse gut verrühren bzw. verkneten.
Rohr auf 220°C vorheizen. Pfanne erhitzen. Entenbrüste aus der Marinade heben, abtropfen lassen und in der Pfanne beidseitig scharf anbraten. Entenbrüste im Rohr (mittlere Schiene / Gitterost) ca. 15 Minuten garen.
Teig zu einer Rolle formen, davon kleine Stücke abschneiden und diese mit dem Nudelholz zu Fladen ausrollen. In einer Pfanne wenig Sesamöl erhitzen und die Fladen darin nacheinander beidseitig goldbraun braten.
Übrige Marinade mit Limettensaft verrühren und aufkochen. Jungzwiebeln putzen und quer in dünne Streifen schneiden. Ente in Scheiben schneiden und mit Sauce und Tortillas anrichten. Mit Jungzwiebeln, Chili, Koriander und Sesam bestreut servieren.

Pro Portion
865 kcal; 52 g EW; 42 g Fett;
68 g KH; 4,8 BE; 218 mg Chol.

TIPP
Je länger die Ente in der Marinade ist, umso intensiver schmeckt sie.

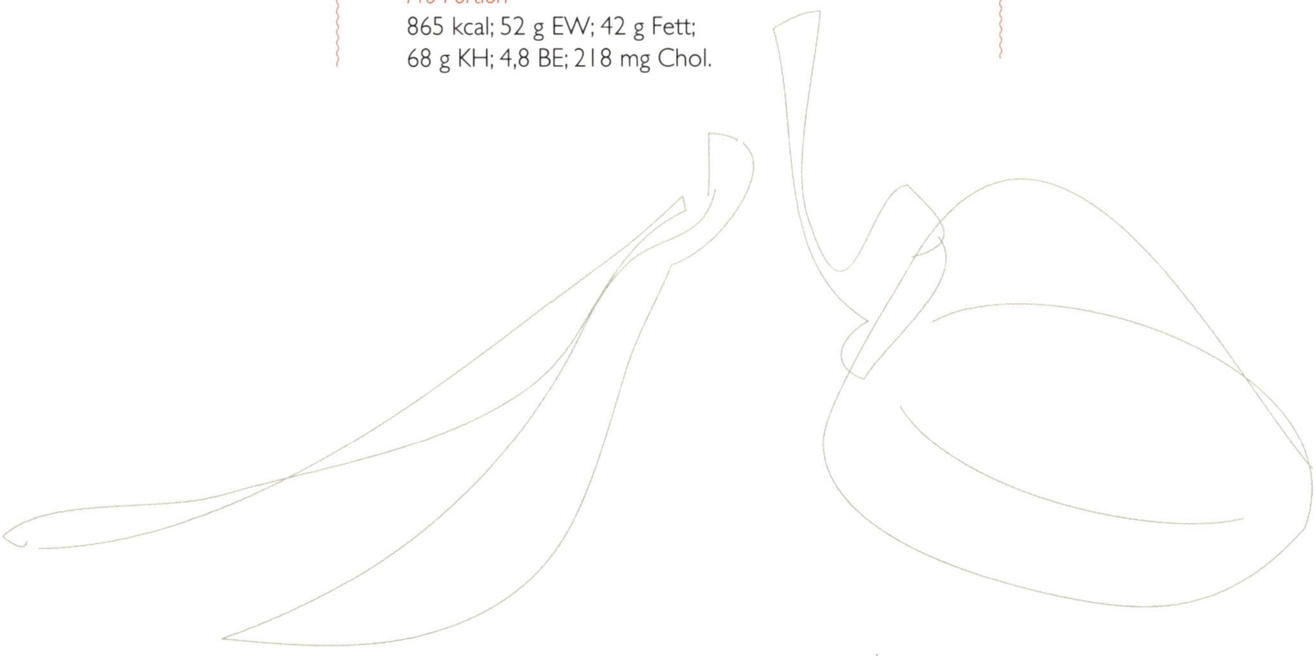

Rindsrouladen mit Bresaola

und Erbsenpüree

Zutaten für 2 Personen:

2 Schnitzel von der Beiried
(je ca. 130 g)
2 EL Olivenöl

Fülle:
50 g Bresaola
(getrockneter Rinderschinken)
50 g Bergkäse (grob geraspelt)

Garnitur:
200 g TK-Erbsen
2 EL Limettensaft
120 g Thai-Spargel
20 g Thymian (gehackt)
Salz, Pfeffer, Öl
Sesamöl

Zubereitungszeit: ca 40 Minuten

Rohr auf 220°C vorheizen. Schnitzel zwischen Frischhaltefolie legen, klopfen und mit Salz und Pfeffer würzen. Schnitzel mit Bresaola belegen, mit Käse bestreuen und eng einrollen.
Zwei Stück Alufolie auflegen, Rouladen darauflegen und in der Folie einrollen. Folie an den Enden eindrehen. In einer Pfanne 2 EL Öl erhitzen, Rouladen darin rundum anbraten und im Rohr (mittlere Schiene / Gitterrost) ca. 10 Minuten garen.
Salzwasser aufkochen. Erbsen einlegen, ca. 3 Minuten kochen, abseihen und abtropfen lassen. Ca. 2 EL vom Kochwasser beiseitestellen. Erbsen mit Kochwasser, Salz, Pfeffer und Limettensaft fein pürieren. Spargel in der Pfanne, in der die Rindsrouladen waren, kurz schwenken und mit Thymian verfeinern. Roulade aus der Folie wickeln, in Scheiben schneiden und mit Püree und Spargel servieren.

Pro Portion
627 kcal; 49 g EW; 41 g Fett;
16 g KH; 1,2 BE; 125 mg Chol.

TIPP
Ab und zu kann man Bresaola durch Prosciutto ersetzen.

Schweinsmedaillons
mit gefüllten Pilzen

Zutaten für 2 Personen:

380 g Schweinsfilet
2 Portobello Pilze
2 EL Olivenöl

Fülle:
2 kleine Paradeiser
1 rote Zwiebel
20 g Schnittlauch
2 EL Zitronensaft
1 EL Vollkornsemmelbrösel
60 g Bergkäse (fettreduziert)

Salat:
130 g Kräuterseitlinge
2 Salatherzen
1 TL Zitronensaft
1 EL Balsamico
Salz, Pfeffer

Zubereitungszeit: ca. 35 Minuten

Rohr auf ca. 190°C vorheizen. Backblech mit Backpapier belegen. Von den Pilzen die Stiele abschneiden und die Lamellen mit einem Löffel auskratzen. Für die Fülle Paradeiser in heißem Wasser kurz überkochen, abschrecken und enthäuten. Zwiebel schälen. Paradeiser und Zwiebel in kleine Würfel, Schnittlauch fein schneiden.
Paradeiser, Zwiebel und Schnittlauch mit Salz, Pfeffer und Zitronensaft würzen und mit den Bröseln vermischen. Ausgehöhlte Pilze mit der Mischung füllen, auf das Backblech geben, mit Käse bestreuen und im Rohr (mittlere Schiene) ca. 25 Minuten überbacken.
Schweinsfilet in 6 Scheiben (Medaillons) schneiden und mit Salz und Pfeffer würzen. In einer Pfanne Olivenöl erhitzen, Fleisch einlegen und 10 Minuten braten. Fleisch nach halber Garzeit wenden. Fleisch in Alufolie gewickelt ca. 10 Minuten rasten lassen.
Für den Salat Seitlinge in Scheiben schneiden und den Salat putzen. Im Bratrückstand Seitlinge anbraten und mit Salz, Pfeffer und einem TL Zitronensaft würzen. Salatherzen zugeben, mitbraten und mit einem Schuss Balsamico verfeinern. Medaillons mit Seitlingen, Salat und den Portobellos servieren.

Pro Portion
490 kcal; 57 g EW; 24 g Fett;
12 g KH; 0,5 BE; 154 mg Chol.

TIPP
Sollten keine Portobellos zur Verfügung stehen, kann man auch große Champignons für die Zubereitung verwenden.

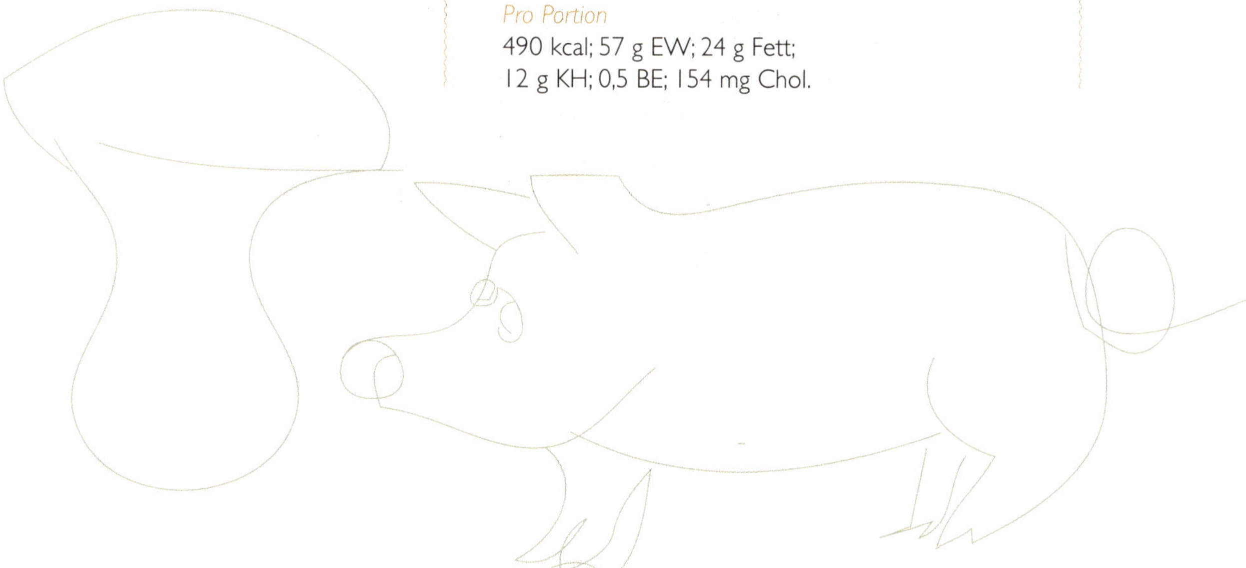

Tofu-Linsen-Laibchen

mit Karottensalat

Zutaten für 2 Personen:

150 g gekochte Linsen (aus der Dose)
1 Zwiebel
100 g Stangensellerie
2 kleine Karotten
350 g Tofu (natur)
1 Jungzwiebel
2 mittlere Eier
1 TL Chilipaste
1 TL Kurkuma
2 EL Haferflocken
40 g Mandelmehl

Sauce:

250 ml Griechisches Joghurt
20 g Petersilie (gehackt)

Salat:

100 g Karotten
50 g Friséesalat (zerpflückt)
2 EL Zitronensaft
2 EL Olivenöl
Salz, Pfeffer, Öl

Zubereitungszeit: ca. 40 Minuten

Rohr auf 190°C vorheizen. Auflaufform mit Öl ausstreichen.

Für die Laibchen Linsen in ein Sieb leeren, spülen und abtropfen lassen. Zwiebel, Sellerie und Karotten schälen und kleinwürfelig schneiden. Tofu raspeln, Jungzwiebel fein schneiden. Linsen, Gemüse, Tofu, Eier, Chilipaste, Kurkuma, Haferflocken und Mehl durchrühren bzw. verkneten.

Aus der Masse gleich große Laibchen formen, in die Form legen und im Rohr (mittlere Schiene / Gitterrost) ca. 15 Minuten backen.

Für die Sauce Joghurt mit Petersilie vermengen und salzen. Für den Salat Karotten putzen, zuerst in Längsscheiben, dann in Streifen schneiden. Zitronensaft salzen, pfeffern und das Öl einrühren. Karotten und Frisée mit der Marinade vermischen und kurz ziehen lassen.

Laibchen mit Joghurt und Salat servieren.

Pro Portion

896 kcal; 50 g EW; 62 g Fett;
33 g KH; 1,8 BE; 284 mg Chol.

TIPP

Ich finde, diese Laibchen schmecken auch kalt sehr gut, ein Snack für zwischendurch.

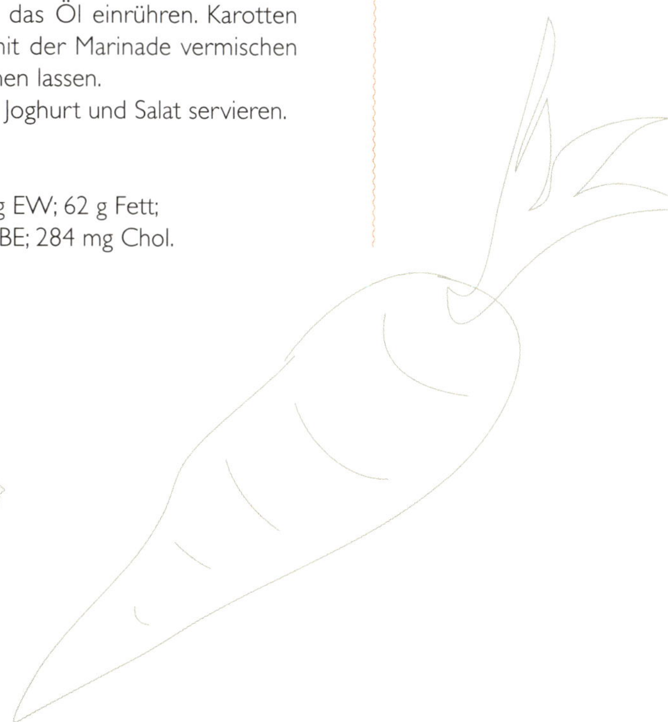

Chili con Carne
smart

Zutaten für 2 Personen:

40 g weiße Bohnen (aus der Dose)
70 g rote Bohnen (aus der Dose)
70 g Mais (aus der Dose)
2 rote Zwiebeln
2 Knoblauchzehen
2 Karotten
4 große Fleischparadeiser
1 roter Paprika
1 EL Kokosöl
1 EL Paradeismark
1 EL Paprikapulver
1 TL geräuchertes Paprikapulver
200 g Rindsfaschiertes
2 Chilis (klein gewürfelt)
30 g Schokolade
(80 % Kakao, gehackt)
10 g Thymian (gehackt)
Salz, Pfeffer

Zubereitungszeit: ca 40 Minuten

Bohnen und Mais in ein Sieb leeren, spülen und abtropfen lassen.
Zwiebeln, Knoblauch und Karotten schälen. Karotten fein raspeln, Zwiebeln, Knoblauch, Paradeiser und Paprika getrennt in kleine Würfel schneiden.
Zwiebel und Knoblauch in Kokosöl anbraten. Karotten, Paradeismark, beide Paprikapulver einrühren und kurz mitrösten. Faschiertes einrühren. Paradeiser, Bohnen, Mais, Paprika und Chilis zugeben und mitgaren.
Schokolade und Thymian untermengen. Chili mit Salz und Pfeffer würzen und unter ständigem Rühren ca. 20 Minuten köcheln lassen. Chili anrichten und am besten mit Tortillas servieren.

Pro Portion
527 kcal; 32 g EW; 25 g Fett;
41 g KH; 1,2 BE; 58 mg Chol.

TIPP
Dieses Rezept funktioniert auch gut ohne Fleisch, zu den Karotten noch gelbe Rüben und Zeller raspeln.

Schwammerl-Hendl
mit Sauce

Zutaten für 2 Personen:

2 Hühnerbrustfilets
(je ca. 130 g)
20 g Champignons
20 g braune Champignons
40 g Shiitake Pilze
2 EL Zitronensaft
250 ml Geflügelsuppe
125 ml fettreduziertes
Obers-Ersatzprodukt
30 g Rucola
10 g Brokkolikresse
Salz, Pfeffer,
Kokosöl, Sesamöl

Zubereitungszeit: ca 40 Minuten

Rohr auf 160°C vorheizen. Hühnerfilets mit Salz und Pfeffer würzen, in 2 EL Kokosöl beidseitig anbraten und im Rohr (mittlere Schiene / Gitterrost) ca. 25 Minuten braten.
Pilze putzen, in grobe Spalten schneiden und einem EL Kokosöl anbraten. Pilze mit Salz, Pfeffer und Zitronensaft würzen und mit Suppe und Obersersatz aufgießen. Sauce cremig einkochen lassen. Ca. zwei Drittel vom Rucola klein hacken und in die Sauce rühren. Eventuell nachwürzen.
Hühnerfilets aufschneiden, mit der Pilzsauce anrichten und mit übrigem Rucola und Kresse garniert servieren.

Pro Portion
383 kcal; 36 g EW; 23 g Fett;
7 g KH; 0,2 BE; 110 mg Chol.

TIPP
In der Saison sind Eierschwammerl und Steinpilze perfekt.

Kabeljau mit Mangold
und Bubikopf

Zutaten für 2 Personen:

2 Kabeljaufilets (je 140 g)
1 EL Kokosöl

Marinade:
6 EL Sojasauce
1 TL Austernsauce
1 EL Sesamöl

Gemüse:
300 g Mangold
1 Jungzwiebel
1 Chili
4 EL Limettensaft
20 g Bubikopf (Minibasilikum)
Salz, Pfeffer

Zubereitungszeit: ca. 35 Minuten, zum Marinieren 20 Minuten

Für die Marinade in einem Suppenteller Sojasauce, Austernsauce und Sesamöl vermischen. Fischfilets darin wenden und zugedeckt für 20 Minuten marinieren lassen.
Mangold waschen und den weißen Teil in 2 cm breite Streifen schneiden, den grünen Teil bis auf 2 Blätter klein schneiden. Jungzwiebel und Chili klein hacken.
Rohr auf 180°C vorheizen. Fischfilets auf Küchenpapier trockentupfen, in einem EL Kokosöl beidseitig anbraten und im Rohr (mittlere Schiene / Gitterrost) ca. 10 Minuten garen.
Reservierte Mangoldblätter in einem EL Kokosöl beidseitig anbraten und aus der Pfanne nehmen. Im Bratrückstand übrigen Mangold, Jungzwiebel und Chili anbraten, mit der Marinade aufgießen und bei schwacher Hitze bissfest schmoren. Mangold mit Limettensaft verfeinern.
Filets auf den Mangoldblättern anrichten und mit Mangoldgemüse und Bubikopf garniert servieren.

Pro Portion
302 kcal; 32 g EW; 14 g Fett;
10 g KH; 0,5 BE; 70 mg Chol.

TIPP
Für eine heimische Fischvariante verwendet man am besten Seesaiblingsfilets.

Lachs mit gebratenem Topinambur
und Fisolen

Zutaten für 2 Personen:

2 Lachsfilets mit Haut (je 140 g)
2 EL Zitronensaft

Gemüse:
50 g gelbe Fisolen
50 g grüne breite Fisolen
8 Topinambur
50 g TK-Erbsen
60 ml Weißwein
20 g Bohnenkraut (gehackt)
20 g Radieschensprossen
Salz, Pfeffer, Kümmel (gemahlen),
Kokosöl

Zubereitungszeit: ca. 40 Minuten

Rohr auf 75°C vorheizen. Lachsfilets mit Salz und Zitronensaft würzen, in einem EL Kokosöl mit der Hautseite nach unten anbraten und im Rohr (untere Schiene / Gitterrost) ca. 30 Minuten garen. Fischfilets dabei nicht wenden.
Fisolen putzen und in Salzwasser bissfest kochen, abseihen, abschrecken und abtropfen lassen. Fisolen in mundgerechte Stücke schneiden. Topinambur waschen, evtl. bürsten, in ca. 3 cm dicke Spalten schneiden und in einem EL Kokosöl anbraten. Fisolen und Erbsen untermischen, mitbraten und mit Wein ablöschen.
Gemüse mit Salz, Pfeffer und Kümmel würzen. Bohnenkraut einrühren.
Fischfilets mit dem Gemüse anrichten und mit Sprossen garniert servieren.

Pro Portion
345 kcal; 32 g EW; 16 g Fett;
13 g KH; 1 BE; 49 mg Chol.

TIPP
Statt Topinambur kann man auch fest kochende Erdäpfel nehmen.

Rindfleisch mit Spinatsalat
und Süßkartoffelrösti

Zutaten für 2 Personen:

400 g weißes Scherzel
1 Karotte
1 Gelbe Rübe
200 g Zeller
1 weiße Zwiebel
1 Lorbeerblatt
20 g Liebstöckel (gehackt)
10 Wacholderbeeren
5 schwarze Pfefferkörner
1 Pkg. Kresse
30 g Kren (gerissen)

Süßkartoffelrösti:
400 g Süßkartoffeln
1 weiße Zwiebel
1 mittleres Ei
1 EL Kokosöl

Spinatsalat:
150 g Babyspinat
2 EL Zitronensaft
1 TL Senf
1 EL Sonnenblumenöl
Salz, Pfeffer

Zubereitungszeit: ca 90 Minuten

Karotten, Gelbe Rüben und Zeller schälen. Fleisch und Gemüse in einen Schnellkochtopf legen, mit Wasser bedecken und gut verschließen. Fleisch bei mittlerer Hitze ca. 25 Minuten garen.
Rohr auf 180°C vorheizen. Zwiebel ungeschält halbieren und die Schnittflächen dunkel anbraten. Zwiebel, Lorbeer, Liebstöckel, Wacholderbeeren und Pfefferkörner zum Fleisch geben. Topf verschließen und das Fleisch unter Druck ca. 25 Minuten garen.
Für die Rösti Zwiebel und Süßkartoffeln schälen. Zwiebel klein schneiden, Süßkartoffeln grob raspeln. Zwiebel, Süßkartoffeln und Ei gut vermischen. In einer Pfanne Kokosöl erhitzen, Kartoffelmasse darin verteilen, behutsam andrücken und anbraten. Kartoffeln im Rohr (untere Schiene / Gitterrost) ca. 30 Minuten backen. Kartoffeln nach halber Garzeit wenden.
Spinat putzen und grobe Stiele entfernen. Zitronensaft mit Salz, Pfeffer, Senf und Sonnenblumenöl verrühren. Spinat untermischen. Kresseblättchen von den Stielen schneiden.
Fleisch in Scheiben schneiden, mit Rösti und Salat anrichten und mit Kren und Kresse bestreut servieren.

Pro Portion
891 kcal; 53 g EW; 34 g Fett;
66 g KH; 4,5 BE; 239 mg Chol.

TIPP
Wer es exotischer mag, gibt etwas Wasabi in die Salatmarinade.

Scharfes Rindfleisch
mit gebratenem Brokkoli

Zutaten für 2 Personen:

300 g Beiried
2 kleine rote Zwiebeln
2 EL Sesamöl
20 g Koriander (gehackt)

Marinade:
2 EL Austernsauce
60 ml Sojasauce
1 Chili (klein gehackt)
30 g Ingwer (klein gehackt)
2 EL Sesamöl
1 EL Speisestärke

Gebratener Brokkoli:
300 g Brokkoli
1 EL Kokosöl
1 EL Chilifäden
Salz, Pfeffer, Kreuzkümmel, Sojasauce

Zubereitungszeit: ca. 30 Minuten

Beiried in 2 cm breite Streifen schneiden. Für die Marinade Austernsauce, Sojasauce, Chili, Ingwer, Sesamöl und Stärke verrühren. Fleisch mit der Marinade vermischen und ca. 10 Minuten ziehen lassen. Zwiebeln schälen, halbieren und in grobe Spalten schneiden. Brokkoli in mundgerechte Stücke schneiden, in einer Pfanne im Kokosöl scharf anbraten, mit Salz, Pfeffer und Kreuzkümmel würzen und dann mit Wasser ablöschen. Brokkoli bissfest dünsten.
Fleisch in ein Sieb leeren und die Marinade auffangen. In einer Pfanne Sesamöl erhitzen und das Fleisch darin rundum scharf anbraten. Mit 3 EL Sojasauce und 80 ml Wasser ablöschen und ca. 2 Minuten ziehen lassen. Fleisch mit dem Brokkoli anrichten und mit Koriander und Chilifäden garniert servieren.

Pro Portion
574 kcal; 44 g EW; 36 g Fett;
19 g KH; 0,8 BE; 87 mg Chol.

TIPP
Als Beilage eignet sich sehr gut Quinoa.

Fischweißwurst mit Laugenbrezel
und Senf

Zutaten für 2 Personen:

2 Würste:
2 Kabeljaufilets (je ca. 150 g)
2 Eiklar
20 g Petersilie (gehackt)
20 g Koriander (gehackt)
1 Meter Rinderdarm

Brezen:
200 g Dinkel-Vollkornmehl
1 TL Trockengerm
1 mittleres Ei
200 ml Wasser
½ TL Speisenatron
½ TL grobe Salzkörner

Senf:
⅓ Tasse schwarze Senfkörner
⅓ Tasse gelbe Senfkörner
3 TL Reissirup
1 TL Essig
2 TL Wasser
Salz

Zubereitungszeit: ca. 1 Stunde

Für die Brezen Rohr auf 210°C vorheizen. Backblech mit Backpapier belegen.
Mehl, Germ, Ei, Wasser und 2 TL Salz verrühren und zu einem glatten Teig verkneten. Brezen formen, auf das Backblech legen und mit einem Gemisch aus einer Tasse Wasser und Natron bestreichen. Brezen mit grobem Salz bestreuen und im Rohr (mittlere Schiene) goldbraun backen.
Für den Senf Senfkörner mit der Küchenmaschine zermahlen und die restlichen Senf-Zutaten untermischen. So lange mixen bis eine sämige Masse entsteht, wobei noch einige ganze Senfkörner vorhanden sein sollten.
Fisch in kleine Stücke teilen, mit Eiklar, Petersilie, Koriander und Salz vermischen und in einem Kutter fein pürieren. Masse in einen Spritzsack geben und in den sauberen Darm einfüllen, je nachdem wie groß die Würste werden sollen, an beiden Enden mit Garn abbinden, bis die ganze Masse verbraucht ist.
Die Würste entweder 20 Minuten bei 200°C im Rohr mit einer Schale Wasser oder für 10 Minuten im Dampfgarer garen. Oder in Salzwasser sieden bis sie oben schwimmen. Würste mit Senf und Brezen anrichten und servieren.

Pro Portion
760 kcal; 58 g EW; 21 g Fett;
83 g KH; 5,5 BE; 174 mg Chol.

TIPP
Zander ist ein guter Ersatz für Kabeljau.

Die Allerbesten

NACHSPEISEN

Leichter Cheesecake

mit Vanillepudding

Zutaten für 1 Tarte (12 Stücke):

Tarte:

250 g glattes Mehl
1 MS Backpulver
100 g Reissirup
1 mittleres Ei
1 Pkg. Vanillezucker
100 g weiche Butter

Fülle und Garnitur:

500 g Magertopfen
1 Pkg. Vanille-Puddingpulver
1 mittleres Ei
2 EL Öl
250 ml Milch (1,5 % Fett)
160 g Reissirup
1 Spritzer Zitronensaft
100 g Himbeeren
Butter, Minze

Zubereitungszeit: ca. 70 Minuten, zum Kühlen ca. 20 Minuten

Mehl, Backpulver, Sirup, Ei, Vanillezucker und Butter in einer Küchenmaschine (Knethaken) zu einem glatten Teig verarbeiten. Teig in Frischhaltefolie wickeln und für ca. 20 Minuten kühl stellen.
Rohr auf 190°C vorheizen. Tarteform (Ø ca. 30 cm) mit Butter ausstreichen.
Für die Fülle alle Zutaten verrühren. Teig ca. 3 mm dick ausrollen und die Form damit auslegen. Teig am Rand hochziehen. Fülle auf dem Teigboden gleichmäßig verstreichen. Tarte im Rohr (mittlere Schiene / Gitterrost) ca. 60 Minuten backen.
Cheesecake vor dem Servieren mit Beeren und Minze garnieren.

Pro Stück

297 kcal; 10 g EW; 11 g Fett;
39 g KH; 3,1 BE; 63 mg Chol.

TIPP

Zum Cheesecake kann man auch marinierte Beeren und Eis servieren.

Topfenknödel mit Nussbröseln
und Beeren

Zutaten für 2 Personen:

250 g Magertopfen
2 mittlere Eier
3 EL Speisestärke
4 EL Weizengrieß
3 EL Reissirup

Garnitur:
100 g Erdbeeren
200 g gemischte Beeren (Ribiseln, Himbeeren, Brombeeren, Heidelbeeren)
4 EL Limettensaft
100 g geröstete Walnüsse (gerieben)
Salz

Zubereitungszeit: ca. 30 Minuten, zum Kühlen ca. 10 Minuten

Für den Teig Topfen, Eier, Stärke, Grieß und Sirup vermischen, mit Frischhaltefolie zudecken und für 10 Minuten kühl stellen.
Reichlich Salzwasser aufkochen. Aus dem Teig gleich große Knödel formen, ins kochende Salzwasser legen und kochen, bis die Knödel an der Oberfläche schwimmen.
Beeren verlesen. Erdbeeren putzen, würfeln, mit dem Limettensaft vermischen und fein pürieren.
Knödel mit einem Gitterlöffel aus dem Kochwasser heben, abtropfen lassen und in den Nüssen wälzen. Knödel mit der Sauce anrichten und mit den übrigen Beeren garniert servieren.

Pro Portion
789 kcal; 36 g EW; 39 g Fett;
71 g KH; 5,5 BE; 239 mg Chol.

TIPP
Meine Kinder lieben es, wenn ich die Knödel mit Schokostücken fülle.

Beeren-Crumble
mit Frischkäse

Zutaten für 2 Personen:

120 g Vollkornkekse
150 g Leichtfrischkäse
Mark aus 1 Vanilleschote
1 TL Vanillezucker
4 EL Reissirup
20 g Heidelbeeren
30 g Himbeeren
30 g Erdbeeren
Minze

Zubereitungszeit: ca. 20 Minuten

Vollkornkekse in grobe Stücke brechen. Frischkäse, Vanillemark, Vanillezucker und Sirup gut verrühren. Beeren putzen und verlesen.
Gläser abwechselnd mit Creme, Beeren und Keksstücken füllen. Mit einer Schicht Beeren abschließen.
Crumble mit Minze garniert servieren.

Pro Portion
435 kcal; 17 g EW; 15 g Fett;
55 g KH; 4 BE; 4 mg Chol.

TIPP
Je nach Jahreszeit und Marktlage kann man für die Zubereitung auch tiefgekühlte Beeren verwenden. Beeren vor dem Verarbeiten antauen lassen. Für diese Variante benötigt man mehr Kekse.

Der leichteste Schokokuchen
mit Kakao

Zutaten für 1 Kuchen (8 Stücke): **Zubereitungszeit: ca. 60 Minuten**

310 g Schokolade (75 % Kakao)
200 g schwarze Bohnen (gekocht)
3 Eiklar
3 EL Reissirup
40 g Whey Proteinpulver Schoko
300 g Magertopfen
60 g Kakaopulver
1 TL Backpulver
30 g Kokosmehl
80 g Ribiseln
Fettspray, Minze

Rohr auf 180°C vorheizen. Tarteform (Ø 24 cm) mit Fettspray aussprühen. Schokolade grob hacken, Bohnen fein pürieren. Bohnen mit den brige Zutaten verrühren, Schokostücke untermischen. Masse in der Form gleichmäßig verstreichen und im Rohr (mittlere Schiene / Gitterrost) ca. 40 Minuten backen.
Vor dem Servieren mit Ribiseln und Minze garnieren.

Pro Stück
168 kcal; 15 g EW; 4 g Fett;
17 g KH; 1,2 BE; 0 mg Chol.

TIPP
Wenn Sie ein wenig sündigen wollen (ist immer wieder erlaubt), essen Sie den Kuchen noch warm und gönnen Sie sich eine Kugel Vanilleeis dazu.

Nuss-Bananen-Muffins

mit Buttermilch

Zutaten für 12 Stück:

3 Bananen (gut reif)
200 g glattes Mehl
2 TL Backpulver
100 g Walnüsse (gehackt)
1/4 TL Zimt (gemahlen)
150 g weiche Butter
50 g brauner Zucker
3 EL Reissirup
2 mittlere Eier
200 ml Buttermilch

Garnitur:
100 g Magertopfen
3 große Erdbeeren

Zubereitungszeit: ca. 40 Minuten

Rohr auf 180°C vorheizen. Muffinblech vorbereiten und die 12 Förmchen mit Papierförmchen auslegen.
Bananen schälen und mit einer Gabel zerdrücken. Mehl mit Backpulver versieben und mit Nüssen und Zimt mischen. Butter, Zucker, Sirup und Eier verrühren. Zerdrückte Bananen und Buttermilch unterrühren. Mehlmischung zügig unterheben.
Teig in die Förmchen füllen und im Rohr (mittlere Schiene / Gitterrost) 20–25 Minuten backen. Muffins herausnehmen und in den Förmchen ein wenig abkühlen lassen. Für die Garnitur Erdbeeren vierteln. Muffins mit Topfen und Erdbeeren garniert servieren.

Pro Stück
285 kcal; 6 g EW; 17 g Fett;
26 g KH; 2,2 BE; 70 mg Chol.

TIPP
Die Muffins schmecken besonders fein, wenn man die Masse mit 80 g gehackter Bitterkuvertüre vermischt. Bei dieser geringen Menge darf der Kakaoanteil der Schokolade auch über 70 % liegen.

Buttermilch-Pancakes
mit Reissirup

Zutaten für 2 Personen:

125 g Kokosmehl
1 TL Backpulver
250 ml Buttermilch
2 mittlere Eier
40 ml Mineralwasser
1 MS Zimt
Mark aus 1 Vanilleschote

Garnitur:
100 g Heidelbeeren
3 EL Reissirup
Kokosöl, Minze

Zubereitungszeit: ca. 20 Minuten

Rohr auf 50°C vorheizen. Mehl mit Backpulver vermischen, mit den übrigen Zutaten verrühren und mit einem Stabmixer pürieren.
Für die Garnitur Beeren verlesen und mit dem Reissirup vermischen.
Pancakes in 2–3 Arbeitsgängen zubereiten. In einer beschichteten Pfanne einen EL Kokosöl erhitzen, mit einem kleinen Schöpfer Teigportionen hineinsetzen (Ø je ca. 5 cm) und beidseitig braten. Pancakes herausnehmen und im Rohr warm stellen. Übrige Masse ebenso verarbeiten.
Pancakes noch warm mit der Beerenmischung zusammensetzen und mit Minze garniert servieren.

Pro Portion
484 kcal; 19 g EW; 16 g Fett;
63 g KH; 5 BE; 241 mg Chol.

TIPP
Ein tolles Sonntagsfrühstück, mein Favorit dazu sind Bananen, meine Kinder lieben Nutella.

Dinkel-Palatschinken

mit Marillenkompott

Zutaten für 2 Personen:

3 mittlere Eier
350 ml Milch
180 g Dinkelmehl

Marillenkompott:
200 g Marillen
70 ml Weißwein
4 EL Reissirup
Salz, Kokosöl

Zubereitungszeit: ca 30 Minuten

Für den Teig Eier, Milch, Mehl und eine Prise Salz zu einem glatten Teig verrühren. Teig ca. 10 Minuten rasten lassen.
Für das Kompott Marillen entkernen und das Fruchtfleisch vierteln. Wein und Sirup aufkochen, Marillen zugeben und nochmals aufkochen. Kompott vom Herd nehmen und ziehen lassen.
Aus dem Teig in einer beschichteten Pfanne mit wenig Kokosöl Palatschinken backen und zugedeckt warm stellen. Palatschinken mit dem Kompott anrichten.
Eventuell mit Minze- oder Melissestreifen bestreuen.

Pro Portion
724 kcal; 27 g EW; 21 g Fett;
98 g KH; 8 BE; 367 mg Chol.

TIPP
Je nach Saison oder Marktlage kann man für das Kompott auch getrocknete Marillen verwenden. Getrocknete Marillen vor dem Verarbeiten ca. 10 Minuten in lauwarmes Wasser legen.

Haferflocken-Cookies
mit Banane

Zutaten für 20 Cookies:

2 mittlere Eier
1 Banane
1 TL Backpulver
1 TL Zimt (gemahlen)
1 EL Honig
200 ml Haferflocken
(Achtung, auch wirklich ml verwenden und keine g abwiegen!)
80 g Bitterschokolade
(gehackt)

Zubereitungszeit: ca. 35 Minuten

Rohr auf 180°C vorheizen. Backblech mit Backpapier belegen.
Eier trennen. Banane schälen, mit einer Gabel zerdrücken und mit Dottern, Backpulver, Zimt und Honig gut schaumig rühren. Eiklar zu steifem Schnee schlagen. Haferflocken in die Dottermasse rühren, Schnee und Schokostücke unterheben.
Masse mit einem kleinen Löffel in Form von Häufchen auf das Backblech setzen und im Rohr (mittlere Schiene) ca. 20 Minuten backen.

Pro Stück
55 kcal; 2 g EW; 1 g Fett;
8 g KH; 0,7 BE; 24 mg Chol.

TIPP
Besonders fein schmecken die Cookies, wenn man sie mit Schokolade garniert. Dazu Schokolade (80 % Kakao) klein hacken und über Dampf schmelzen.

Gratinierte Kirschen
mit „Knusper“

Zutaten für 2 Personen:

300 g Kirschen (entkernt)

Topfencreme:
150 g Magertopfen
3 EL Reissirup
2 mittlere Eier
1 EL Speisestärke

Knusper:
100 g Haferflocken
1 Eiklar
1 EL Kokossirup

Zubereitungszeit: ca. 40 Minuten

Rohr auf 120°C vorheizen. Backblech mit Backpapier belegen.
Für den Knusper Haferflocken in einer beschichteten Pfanne ohne Zugabe von Öl rösten, umfüllen und ein wenig abkühlen lassen. Eiklar mit Kokossirup verrühren, Haferflocken untermengen.
Mischung auf dem Backblech gleichmäßig dick verteilen und im Rohr (mittlere Schiene) ca. 20 Minuten trocknen. Gebäck herausnehmen und auskühlen lassen.
Rohr auf Grillstellung vorheizen. Für die Creme Topfen mit Reissirup, Eiern und Stärke vermischen. Kirschen in zwei hitzebeständige, tiefe Teller füllen, mit der Topfenmasse bedecken und im Rohr (mittlere Schiene / Gitterrost) goldbraun überbacken. Kirschen herausnehmen und mit Knusper garniert servieren.

Pro Portion
524 kcal; 27 g EW; 11 g Fett;
77 g KH; 6,5 BE; 238 mg Chol.

TIPP
Statt frischer Kirschen kann man auch gut abgetropfte und entkernte Kompottkirschen für die Zubereitung verwenden.

Grieß-Kaiserschmarren
mit Ananas

Zutaten für 2 Personen:

250 ml Milch
2 EL Butter
2 EL Kristallzucker
1 MS Bio-Zitronenschale (abgerieben)
2 EL Rosinen
125 g Weizengrieß
100 g Magertopfen
1 mittleres Ei
200 g Ananas
Zitronenmelisse

Zubereitungszeit: ca 30 Minuten

Milch, einen EL Butter, Zucker und Zitronenschale verrühren, Rosinen einrühren und die Mischung aufkochen. Grieß unter Rühren einrieseln lassen und dickcremig einkochen. Hitze reduzieren, Grieß ca. 5 Minuten quellen lassen, dabei öfters umrühren. Masse umfüllen und ein wenig abkühlen lassen. Topfen und Ei einrühren.
Rohr auf 180°C vorheizen. In einer Pfanne mit hitzebeständigem Griff einen EL Butter erhitzen. Grießmasse darin gleichmäßig dick verstreichen und ca. eine Minute anbraten. Masse wenden und im Rohr (mittlere Schiene / Gitterrost) ca. 10 Minuten backen.
Inzwischen Ananas schälen und den Strunk ausschneiden. Fruchtfleisch in ca. 2 cm dicke Scheiben schneiden. Schmarren mit zwei Gabeln zerpflücken und die Ananasstücke untermischen. Schmarren mit Melisse garniert servieren.

Pro Portion
662 kcal; 22 g EW; 25 g Fett;
86 g KH; 6,8 BE; 181 mg Chol.

TIPP
Als Variante können Sie statt Ananas auch Mango oder Papaya für die Zubereitung verwenden.

Leichter Apfelstrudel
mit Vanillejoghurt

Zutaten für 2 Personen:

150 g Vollkorn-Strudelteig
1 mittleres Ei

Fülle:
300 g Äpfel (am besten Elstar)
4 EL Zitronensaft
2 EL Reissirup
1 TL Zimt
2 EL geröstete Walnüsse (gerieben)

Vanillejoghurt:
2 EL Kokossirup
Mark aus 1 Vanilleschote
200 ml Joghurt (2 % Fett)

Zubereitungszeit: ca 40 Minuten

Für die Fülle Äpfel schälen, vierteln und das Kerngehäuse ausschneiden. Äpfel in 2 cm breite Scheiben schneiden. Äpfel mit Zitronensaft, Reissirup, Zimt und Nüssen vermischen.
Rohr auf 180°C vorheizen. Backblech mit Backpapier belegen.
Ei mit 2 EL Wasser verquirlen. Ein Strudelblatt auf ein feuchtes Küchentuch legen, mit Ei bestreichen, zweites Strudelblatt darauf legen, ebenfalls mit Ei bestreichen. Diesen Vorgang mit den übrigen Blättern wiederholen.
Fülle im unteren Drittel des Teiges auftragen, Teig über die Fülle einrollen. Strudel auf das Backblech geben, mit Eimischung bestreichen und im Rohr (mittlere Schiene) ca. 20 Minuten backen.
Kokossirup mit Vanillemark und Joghurt gut verrühren. Strudel portionieren und mit dem Joghurt servieren.

Pro Portion
564 kcal; 16 g EW; 19 g Fett;
80 g KH; 6,8 BE; 124 mg Chol.

TIPP
Birnen statt Äpfel sind toll, dann aber bitte die Nüsse durch geriebene Mandeln ersetzen.

Frozen Joghurt
mit marinierten Beeren

Zutaten für 2 Personen: **Zubereitungszeit: ca. 20 Minuten, zum Abtropfen ca. 8 Stunden**

400 g griechisches Joghurt (2 % Fett)
4 EL Reissirup
2 Eiklar

Marinierte Beeren:
100 g gemischte TK-Beeren
10 g Minze (gehackt)
2 EL Kokossirup
Minze

Küchentuch über eine Schüssel hängen, Joghurt einfüllen und ca. 8 Stunden abtropfen lassen. Das Joghurt bekommt dadurch eine topfenartige Konsistenz.
Joghurt mit Reissirup vermischen, Eiklar aufschlagen und unterheben. Mischung am besten in einer Eismaschine frieren. (Wenn man keine hat, in einer Schüssel im Gefrierfach immer wieder mit einem Schneebesen aufrühren bis es samtig gefroren ist.)
Beeren mit Kokossirup und Minze vermischen, erhitzen, vom Herd nehmen und auskühlen lassen. Frozen Joghurt mit den Beeren anrichten und mit Minze garniert servieren.

Pro Portion
241 kcal; 11 g EW; 3 g Fett;
40 g KH; 3,5 BE; 10 mg Chol.

TIPP
Wenn keine Kinder mitessen, kann man die Beeren mit 2 cl Aperol verfeinern.

Mangotörtchen

mit Chili-Honig

Zutaten für 2 Törtchen (je 4 Stücke): **Zubereitungszeit: ca. 50 Minuten**

200 g Vollkorn-Strudelteig

Fülle:
200 g Frischkäse (fettreduziert)
3 EL Kokossirup
2 mittlere Eier

Garnitur:
2 vollreife Mangos
3 EL Honig
1 Thai-Chili (fein gehackt)
20 g Minze (fein geschnitten)
Fettspray

Rohr auf 180°C vorheizen. Zwei Tarteletteförmchen (Ø ca. 15 cm) mit Fettspray aussprühen.
Für die Fülle Frischkäse mit Kokossirup und Eiern vermischen. Eine Lage Strudelblätter in die Förmchen legen, besprühen und den Vorgang mit den übrigen Blättern wiederholen. Strudelteigböden im Rohr (mittlere Schiene / Gitterrost) ca. 30 Minuten backen. Nach ca. 10 Minuten der Backzeit Fülle auf den Tartelettеförmchen verteilen und die Törtchen fertig backen.
Für die Garnitur Mango schälen, Fruchtfleisch zuerst links und rechts vom Kern abschneiden, dann in 2 cm breite Spalten schneiden. Honig mit Chili und Minze verrühren.
Törtchen aus dem Rohr nehmen, mit den Mangospalten belegen und mit der Honigmischung bestreichen. Törtchen vor dem Servieren kühl stellen.

Pro Stück
165 kcal; 7 g EW; 4 g Fett;
24 g KH; 1,9 BE; 64 mg Chol.

TIPP
Wenn Kinder mitessen, Chili durch schwarzen Sesam ersetzen.

Gebrannte Kokoscreme
mit Granatapfel

Zutaten für 2 Personen:

250 g Magertopfen
100 g Frischkäse (fettreduziert)
4 EL Kokossirup
100 g Kokosette (geröstet)
125 ml Kokosmilch (light)

Garnitur:
1 Granatapfel
20 g Minze (gehackt)
Minze

Zubereitungszeit: ca 60 Minuten

Topfen, Frischkäse und Kokossirup verrühren, Kokosette und Kokosmilch untermischen. Masse zugedeckt kühl stellen.
Für die Garnitur Granatapfel halbieren und die Kerne ausschaben, Saft auffangen. Saft, Kerne und Minze vermischen.
Granatapfelkerne anrichten und darauf die Creme verteilen. Creme eventuell mit Kokosette bestreut und Minze garniert servieren.

Pro Portion
653 kcal; 27 g EW; 40 g Fett;
46 g KH; 3,2 BE; 10 mg Chol.

TIPP
Im Sommer kann man die Creme frieren und als cremiges Eis servieren.

Ricotta-Chia-Mousse

mit Erdbeeren

Zutaten für 2 Personen:

30 ml Milch
300 g Ricotta
4 EL Kokossirup
2 EL Chia-Samen
70 ml Obers-Ersatzprodukt

Garnitur:
150 g Erdbeeren

Zubereitungszeit: ca. 15 Minuten, zum Kühlen ca. 20 Minuten

Für die Mousse Milch mit Ricotta, Kokossirup und Chia-Samen vermischen. Obers-Ersatzprodukt aufschlagen, unter die Masse heben. Masse mit Frischhaltefolie zudecken und für ca. 20 Minuten kühl stellen.

Für die Garnitur Beeren verlesen und in Scheiben schneiden. Ein paar davon für die Garnitur beiseite legen, restliche auf Tellern anrichten.

Aus der Mousse mit einem Löffel Nockerln ausstechen, auf die Beeren setzen, mit Beeren garniert servieren.

Pro Portion
424 kcal; 22 g EW; 23 g Fett;
31 g KH; 2,2 BE; 48 mg Chol.

TIPP

Ricotta ist großartig, da er kalorienarm und in der Küche individuell einsetzbar ist.

Geeiste Melone

mit Minze

Zutaten für 2 Personen:

400 g Wassermelone
300 g Zuckermelone
300 g Honigmelone
60 ml Weißwein
4 EL Reissirup
20 g Minze (fein gehackt)
Minze

Zubereitungszeit: ca. 20 Minuten, zum Frieren ca. 2 Stunden

Melonen entkernen. Aus den Melonen kleine Kugeln ausstechen und kühl stellen. Melonenreste fein hacken und mit Wein, Sirup und Minze verrühren. Mischung für 2 Stunden in das Tiefkühlfach stellen und frieren, dabei öfters umrühren.
Gekühlte Melonenkugeln mit dem gefrorenen Fruchtfleisch in Gläsern anrichten und mit Minze garniert servieren.

Pro Portion
245 kcal; 4 g EW; 1 g Fett;
50 g KH; 4,2 BE; 0 mg Chol.

TIPP
Wenn Kinder mitessen, Wein durch Melonen- oder Apfelsaft ersetzen.

Süßer Couscous mit Datteln
und Pekannüssen

Zutaten für 2 Personen:

250 ml Wasser
3 EL Kokossirup
50 g Couscous
1 Mango
5 Datteln
30 g Pekannüsse

Minze-Joghurt:
100 g griechisches Joghurt (2 % Fett)
10 g Zitronenmelisse (klein gehackt)

Zubereitungszeit: ca. 30 Minuten

Wasser mit Kokossirup aufkochen, Couscous einrühren, vom Herd nehmen und zugedeckt ca. 5 Minuten ziehen lassen. Mango schälen und in gleich große Stücke schneiden. Datteln entkernen und halbieren oder vierteln.
Couscous mit einer Gabel auflockern. Mango, Datteln und Nüsse untermischen. Joghurt mit Melisse verrühren. Couscous anrichten und mit dem Joghurt servieren.

Pro Portion
334 kcal; 9 g EW; 9 g Fett;
54 g KH; 4,5 BE; 2 mg Chol.

TIPP
Je nach Jahreszeit und Marktlage kann man den Couscous auch mit Rhabarber oder frischen Beeren verfeinern.

Bratapfelkompott
mit Zimt

Zutaten für 2 Personen:

3 mittlere Äpfel
(am besten Elstar)

Marinade und Sud:
2 EL Reissirup
½ TL Zimt (gemahlen)
¼ TL Nelkenpulver
60 ml Weißwein
250 ml Apfelsaft
2 EL Honig
Mark aus 1 Vanilleschote
1 MS Lebkuchengewürz

Zubereitungszeit: ca. 65 Minuten

Rohr auf 180°C vorheizen. Auflaufform vorbereiten.
Für die Marinade Reissirup, Zimt und Nelkenpulver verrühren.
Äpfel schälen und das Kerngehäuse mit einem Ausstecher entfernen. Äpfel in die Form setzen, mit der Marinade bestreichen und im Rohr (untere Schiene / Gitterrost) ca. 30 Minuten backen.
Für den Sud Wein und Apfelsaft verrühren und aufkochen. Honig, Vanillemark und Lebkuchengewürz einrühren, Sud ziehen lassen.
Äpfel in ca. 5 cm dicke Spalten schneiden. Spalten in den Sud legen und das Kompott noch warm servieren.

Pro Portion
247 kcal; 1 g EW; 1 g Fett;
52 g KH; 4 BE; 0 mg Chol.

TIPP
Das Kompott schmeckt besonders fein, wenn man dazu Vanilleeis serviert.

Für Dich!

Orangen-Grapefruitsalat mit Ingwer

Zutaten für 2 Personen:

2 Bio-Grapefruits
1 Bio-Orange
1 Blutorange
20 g Ingwer
1 Stange Zitronengras
2 EL Kokossirup
10 g Palmzucker (gerieben)
20 ml Sake

Zubereitungszeit: ca 20 Minuten

Schale von einer Grapefruit und von der Orange mit einem Sparschäler möglichst dünn abschneiden. Schalen in feine Streifen schneiden.
Kappen aller Zitrusfrüchte abschneiden. Früchte so schälen, dass auch die weiße Innenhaut entfernt wird. Die Filets zwischen den Trennhäuten herausschneiden. Austretenden Saft auffangen und reservieren.
Ingwer ungeschält ganz fein hacken. Zitronengras mit dem Messerrücken weich klopfen und dann klein schneiden. Kokossirup mit Ingwer, Zitronengras und Palmzucker erhitzen.
Mischung mit aufgefangenem Zitrussaft und Sake ablöschen, Zitrusschalen einrühren und die Mischung ca. eine Minute köcheln.
Zitrusfilets mit der Marinade vermischen und kurz ziehen lassen. Salat anrichten und noch warm servieren.

Pro Portion
230 kcal; 3 g EW; 1 g Fett;
41 g KH; 3,5 BE; 0 mg Chol.

TIPP
Eine besondere geschmackliche Note erhält der Salat, wenn man ihn mit ein wenig Chili verfeinert.

Pochierte Pfirsiche
mit Thymian

Zutaten für 2 Personen:

4 Pfirsiche

Sirup:
60 ml Apfelsaft
60 ml Weißwein
3 EL Kokossirup
2 weiße Pfefferkörner
1 Lorbeerblatt
10 g Zitronenthymian

Knusprige Strudelstreifen:
100 g Vollkorn-Strudelteigblätter
1 TL brauner Zucker
1 TL Zimt (gemahlen)

Zubereitungszeit: ca. 20 Minuten, zum Marinieren ca. 1 Stunde

Pfirsiche in 4 cm dicken Spalten vom Kern schneiden. Für den Sirup Apfelsaft mit Wein, Kokossirup und den Gewürzen aufkochen. Pfirsichspalten einlegen und ca. 2 Minuten köcheln lassen. Früchte umfüllen, abkühlen lassen und zum Marinieren für ca. eine Stunde kühl stellen.
Für die Strudelstreifen Rohr auf 180°C vorheizen. Backblech mit Backpapier belegen. Strudelteigblätter in ca. einen cm breite Streifen schneiden, mit Zucker und Zimt behutsam vermischen und auf dem Backblech verteilen. Streifen im Rohr (mittlere Schiene) ca. 12 Minuten knusprig backen. Aus dem Rohr nehmen, mit dem Papier vom Backblech ziehen und auskühlen lassen. Pfirsiche aus dem Sirup nehmen. Sirup abseihen, Pfirsich mit dem Sirup anrichten und mit den Strudelstreifen garniert servieren.

Pro Portion
320 kcal; 7 g EW; 4 g Fett;
61 g KH; 4,8 BE; 0 mg Chol.

TIPP
Statt Pfirsiche kann man auch Nektarinen oder Marillen für die Zubereitung verwenden.

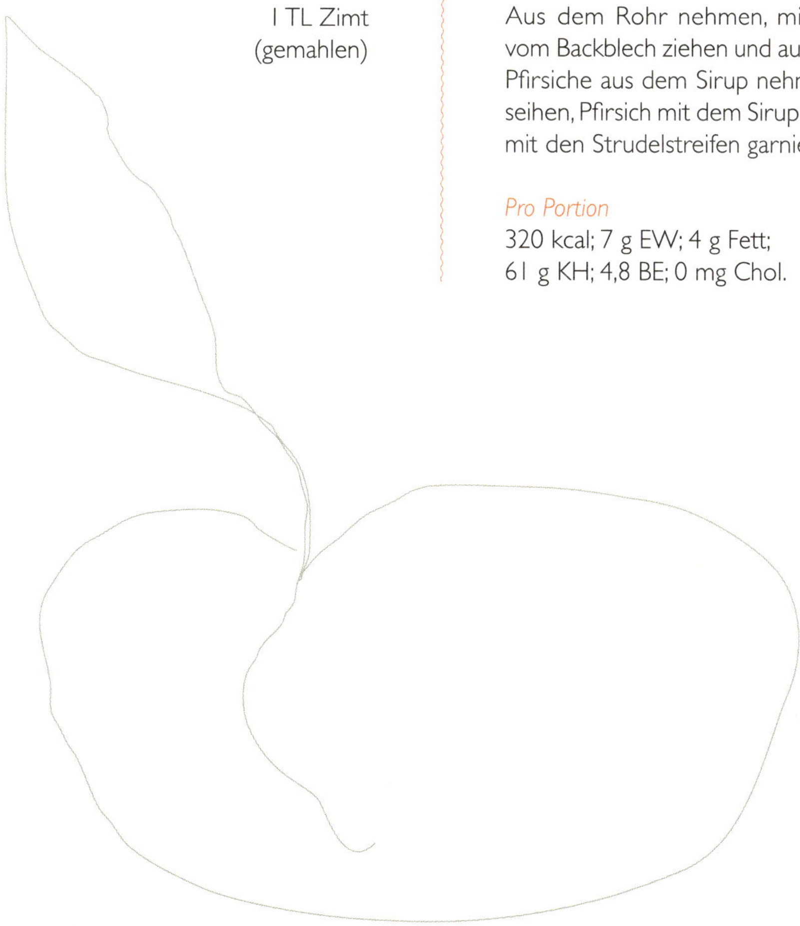

Zur Person Oliver Hoffinger:

Oliver Hoffinger trat nach Beendigung seiner Lehrzeit in die erste Küchenmannschaft von Do & Co im Haashaus in Wien ein. Anschließend erkochte er im Restaurant Vincent drei Hauben gemäß Gault-Millau als jüngster Sous-Chef Europas. Nach Stationen u. a. bei Vongerichten in New York eröffnete er 1999 sein eigenes Restaurant Kochwerkstatt und erhielt auf Anhieb wieder zwei Hauben. Aktuell betreibt Oliver Hoffinger kein Restaurant. Seit 2006 kocht er im Fernsehen auf den Sendern der ProSieben-Sat.1 PULS 4 Gruppe in Österreich und hat seit 2008 seine eigene wöchentliche Sendung „Koch mit! Oliver", die auch nach ihm benannt ist. Er ist Österreicher aus Leidenschaft und lebt mit seiner Frau und den beiden Kindern in Wien.

PULS 4 - Fernsehkoch Oliver Hoffinger steht für gute Küche aus Österreich und vergisst dabei nie seine Wurzeln.

Rezeptregister

A·B·C·D

Leichter **A**pfelstrudel mit Vanillejoghurt 118
Avocado-Schafkäsesalat mit Pekannüssen 12
Leichtes **B**ackhendl mit Süßkartoffel-Wedges 60
Apfel-Limetten-**B**eef mit Wildreis 56
Beeren-Crumble mit Frischkäse 102
Bratapfelkompott mit Zimt 132
Buttermilch-Pancakes mit Reissirup 108
Knusprige **C**alamari mit roter Salsa 63
Carpaccio mit knusprigem Parmesan 17
Leichter **C**heesecake mit Vanillepudding 99
Jerk **C**hicken mit Süßkartoffeln und Kochbananen 65
Chili con Carne smart 82
Süßer **C**ouscous mit Datteln und Pekannüssen 131
Dinkel-Palatschinken mit Marillenkompott 110

E·F·G·H

Eierschwammerl-Couscous mit Ribiseln 14
Peking **E**nte mit Tortillas 74
Fischweißwurst mit Laugenbrezel und Senf 95
Geräuchertes **F**orellenfilet mit Granatapfel 19
Asiatisches **G**arnelensauté mit Gemüse 22
Getreidebrei mit Früchten 11
Grieß-Kaiserschmarren mit Ananas 116
Haferflocken-Cookies mit Banane 113
Smarter Burger mit **H**endl und Ananas 57
Schwammerl-**H**endl mit Sauce 84
Hühnerfilet mit Rhabarber, Pistazien und Basilikum 27
Hühner-Quinoa-Maki mit Sauce und Salat 28

J·K·L·M

Jalapeño-Peppers mit Frischkäse 30
Frozen **J**oghurt mit marinierten Beeren 121
Jungschweinsbraten mit Grünkernknödeln 66
Kabeljau mit Mangold und Bubikopf 87
Gratinierte **K**irschen mit „Knusper" 115
Gebrannte **K**okoscreme mit Granatapfel 124
Krautsuppe mit Sedano 33
Lachs mit gebratenem Topinambur und Fisolen 89
Marinierter **L**achs mit Sesam 35
Lammrücken mit Fetagemüse und Polentaschnitten 71
Gelbe **L**insensuppe mit Minzjoghurt 25
Mangotörtchen mit Chili-Honig 123
Marinierte **M**elanzani mit Ziegenkäse 44
Geeiste **M**elone mit Minze 129
Nuss-Bananen-**M**uffins mit Buttermilch 107

O·P·R·S

Oktopus mit Pak Choi und Radicchio 36
Orangen-Grapefruitsalat mit Ingwer 134
Geeiste **P**aradeissuppe mit Chili-Cottage cheese 38
Pochierte **P**firsiche mit Thymian 137
Die „15 Wochen"-**P**izza aus Karfiolteig 68
Ricotta-Chia-Mousse mit Erdbeeren 126
Rindfleisch mit Spinatsalat und Süßkartoffelrösti 90
Scharfes **R**indfleisch mit gebratenem Brokkoli 92
Rindsrouladen mit Bresaola und Erbsenpüree 76
Rote **R**üben mit Blauschimmelkäse und Nüssen 46
Der leichteste **S**chokokuchen mit Kakao 105
Schweinsmedaillons mit gefüllten Pilzen 79
Steak mit Spargelsalat, Mangold und Parmesan 41

T·P·W·Z

Tofu-Linsen-Laibchen mit Karottensalat 81
Topfenbrot mit Kräuter-Cottage cheese 20
Topfenknödel mit Nussbröseln und Beeren 100
Gebratene **T**opfennockerln mit Orangensalat 41
Leichtes **W**iener Schnitzel mit Salat 73
Zucchini mit Ofenparadeisern und Polenta 49

Impressum

ISBN 978-3-903057-01-2

1. Auflage 2016

Rezepte und Texte: Oliver Hoffinger
Fotos: Theresa Schrems
Gestaltung: Sárika Egyed-Kalmár
Lektorat: Julia Muchwitsch & Klaus Lederwasch

Druckerei: Ueberreuter Print & Packaging GmbH,
2100 Korneuburg, Industriestraße 1